BIBLIOTECA DE DERECHO PRIVADO

Enrico del Prato
(Director)

Carlos Antonio Agurto Gonzáles
Sonia Lidia Quequejana Mamani
Luis Alejandro Luján Sandoval
Edmundo Trujillo Blas
(Coordinadores Generales)

CESARE MASSIMO BIANCA
Profesor Ordinario de la Universidad
de Roma «La Sapienza»

PIETRO SIRENA
Profesor Ordinario
de la Universidad de Siena

SALVATORE PATTI
Profesor Ordinario de la Universidad
de Roma «La Sapienza»

DERECHO PRIVADO MODERNO

Edición al cuidado de
Carlos Antonio Agurto Gonzáles
Sonia Lidia Quequejana Mamani

Ediciones Olejnik

Título: Derecho privado moderno

Huérfanos 611, Santiago-Chile
E-mail: contacto@edicionesolejnik.com
Web site: http://www.edicionesolejnik.com

ISBN: 978-956-392-291-2

Diseño de Carátula: Ena Zúñiga
Diagramación: Luis Sierra Cárdenas

Impreso en Argentina 2018 Printed in Argentina

Índice

Luces y sombras en la reforma del Schuldrecht
Salvatore Patti

La restitución del enriquecimiento
y el resarcimiento del daño
Pietro Sirena

Las Secciones Unidas
y la parábola del daño existencial
Salvatore Patti

Nota a la edición en español

El lazo de la cultura civilista italiana con el Perú ha sido siempre muy fuerte, y se ha caracterizado por el mutuo respeto y una común atención a los valores de fondo que subyace en la experiencia del Derecho.

Este volumen constituye un testimonio de la relación cultural entre nuestros países y es un manifiesto también de la esperanza que no sólo continúe, sino se intensifique en el curso del tiempo. Por ello, los autores estamos muy agradecidos a los coordinadores de la obra, Carlos Antonio Agurto Gonzáles y Sonia Lidia Quequejana Mamani, los cuales no solamente han tenido la paciencia de emprender esta iniciativa editorial, sino con humildad y dedicación se han encargado también del gran trabajo de traducir al idioma castellano los ensayos recopilados en este volumen. Por otro lado, desde hace tiempo, los colegas Agurto Gonzáles y Quequejana Mamani son reconocidos por los juristas italianos por su común pasión por el estudio del Derecho civil y su asidua atención a nuestra doctrina. En ellos se reconoce la huella del gran Maestro peruano, Carlos Fernández Sessarego, que la *Associazione dei civilisti italiani* ha tenido el honor de proclamar como su socio honorario: un ejemplo preclaro de su rigor científico y de sentida humanidad, que en Italia admiran desde que vino a impartir cátedra en la Universidad de Siena.

Los ensayos recopilados en este volumen pueden ser definidos como de una «Escuela»: la del Prof. Cesare Massimo Bianca, del cual Salvatore Patti es el discípulo *senior* y quien esto escribe uno de los discípulos *iuniores* (que he sido elegido sólo gracias a la amistad de los colegas Agurto Gonzáles y Quequejana Mamani, a los que estoy naturalmente muy agradecido).

La enseñanza del Prof. Bianca, al cual, entre otros, la Universidad Nacional Mayor de San Marcos de Lima ha conferido el grado *honoris causa*, puede ser encerrada en dos palabras claves que sus discípulos han elegido para titular la recopilación de sus escritos jurídicos: efectividad de la norma y realidad social.

La invocación a la efectividad de la norma significa que la fidelidad del jurista al Derecho no se expresa en el fetichismo del texto de la ley, que caracteriza toda recurrente regurgitación del absolutismo exegético, sino en considerar la norma así como ésta se afirma y actúa realmente, como dato de la experiencia, aquella experiencia que los hombres hacen del Derecho no es la de las fórmulas adoptadas por el legislador en el papel, sino está constituida por el concreto reconocimiento de los derechos y de los deberes, desde el *quantum* de tutela que es reconocido a los intereses en la relación con los otros.

El Derecho responde a la pregunta, que desde siempre los hombres no sólo se dirigen a sí mismos en lo íntimo de la consciencia individual, sino debaten entre ellos en la discusión pública y respecto a los otros: ¿qué debo hacer? ¿Qué es lo justo que yo haga? Por tanto, el Derecho participa de la misma naturaleza que, desde Sócrates en adelante, el pensamiento occidental ha reconocido a la filosofía – y en este sentido, el Derecho es natural por definición, por cuanto artificiales pueden ser los mecanismos mediante los cuales el moderno Estado de Derecho ha pretendido proclamar su monopolio de los medios de producción y de aplicación de las normas jurídicas.

No obstante, el Derecho no es solamente teoría o contemplación filosófica (Ñåùñwá): he aquí la invocación a la realidad social, la cual es, en primer lugar, desorden y conflicto (ðüëåìïò). También éste es parte de la vida de los hombres y de su experiencia del Derecho, el cual no es solamente orden geométrico de los conceptos, sino es también lo que incesantemente alimenta la evolución y el cambio de la sociedad, de su intrínseco dinamismo.

Por tanto, orden jurídico y desorden social deben convivir en la complejidad del Derecho. Sin el orden jurídico, el Derecho se degenera en ratificación de las relaciones de fuerza, en aceptación del hecho cumplido. Pero sin desorden social, por otro lado, éste se convierte en una vacía cubierta y se entrega al motín del nihilismo jurídico.

En definitiva, la enseñanza del Prof. Bianca está constituida por la invocación a los principios del Derecho, los cuales apuñalan a muerte el deseo pueril de la voluntad de poder del positivismo jurídico y, por decirlo en alguna manera, colocan al jurista delante de sí mismo, es decir, a su ser hombre. En esto, hoy más que en el pasado, se expresa la racionalidad del jurista: impidiendo que la intrínseca vocación formalista del Derecho degenere en un absolutismo auto-referencial y auto-legitimante, no acogiendo en sí la realidad que se encuentra afuera, sino contentándose de su representación artificial (y por esto, infinitamente siempre menos auténtica respecto a la vida, de la cual hacemos cada día experiencia).

Esta invocación a una profunda racionalidad de nuestro ser hombres es la respuesta, desde siempre, a toda nuestra esperanza de juristas.

PIETRO SIRENA
Profesor Ordinario de la Universidad de Siena

El Derecho europeo de los contratos y la construcción de las categorías civilistas[*]

Pietro Sirena

[*] Traducción al idioma castellano, autorizada por el autor, de Sonia Lidia Quequejana Mamani.

1. El desarrollo de los «remedios» en la doctrina italiana

A partir de los años sesenta, como es conocido, la doctrina civilista ha advertido la necesidad de presentar un nuevo punto de vista en la formación conceptual del derecho positivo, que superase el método «esencialista» elaborado por la ciencia jurídica alemana del siglo XIX.

En la construcción del *systema iuris* elaborada por los seguidores y continuadores de Von Savigny, aunque a costo de contravenir unilateralmente un aspecto de su pensamiento, e incluso de turbar su sentido más auténtico [Cappellini], el derecho privado se ha basado en la teoría de los hechos jurídicos o sea sobre la calificación según esquemas típicos de los comportamientos desarrollados en la vida de relación. El contenido preceptivo de las normas jurídicas ha sido identificado sin duda con los efectos jurídicos producidos de estos hechos, en la premisa que estos explican en la realidad contingente la jerarquía de las situaciones jurídicas subjetivas preventivamente y taxativamente reconocidas por el ordenamiento jurídico, como si la realidad hubiese sido ya prefigurada en el «diseño inteligente» predispuesto por un creador omnipotente.

Es sobre esta «mentalidad» jurídica, para retomar un brillante concepto acuñado por una de las mentes más avanzadas de la romanística [Orestano], que más o menos conscientemente se ha construido la teoría general del Derecho en el ámbito del denominado *civil law*, caracterizado, precisamente, no solamente por la preeminencia de la ley escrita en la jerarquía de las fuentes de producción normativa, sino también, y sobre todo, por su vocación intrínsecamente absolutista respecto a la tutela de los intereses privados. Si se quiere, más bien, es sobre esta «mentalidad» jurídica que se ha construido todo el Estado liberal de Derecho, identificando al denominado principio de legalidad en el ideal de una justicia abstracta y no solo indiferente a la realidad, pero siempre amenazada por su deformidad respecto a la norma jurídica [ZAGREBELSKY]: más que centrarse en el problema de combatir la injusticia, el *Rechtsstaat* liberal se ha inclinado siempre más en la tendencia a su remoción.

La doctrina más sensible no podía no advertir la exigencia de diluir los aspectos más rígidamente formalistas de la dogmática tradicional, no para rechazarla o sustituirla, sino más bien para salvaguardar su efectividad, es decir, en su adecuación respecto a la afirmación del Derecho en la realidad social.

Una renovada atención respecto de la experiencia originaria de la juridicidad, encontrada en la tutela efectiva de los intereses de los privados, que se consolidan en la vida de relación, ha dado vida -en páginas ya clásicas en la literatura italiana [DI MAJO, 2003]- a una orgánica relectura del ordenamiento jurídico desde el punto de vista de los remedios, que ha sido después continuada y desarrollada ampliamente [MAZZAMUTO, 1989].

Las posteriores tendencias evolutivas del ordenamiento jurídico italiano no sólo han confirmado estas intuiciones, sino sobre todo han mostrado que ésta no se agotaba en una pura y simple instancia de neo-sistemática doctrinal, mantenida por el «gusto» del intérprete, sino presentaba una cuestión ineludible de cientificidad del método positivo.

En primer lugar, es ya evidente que la concepción de los remedios del ordenamiento jurídico es la única adecuada a la progresiva afirmación de una legislación por principios [MESSINETTI, 2000], la cual, más allá de las instancias formuladas por una de las mentes más avanzadas de la doctrina italiana [RODOTÀ], constituye una realidad indiscutible. Una relevancia particular es asumida respecto de los espacios siempre más amplios que se han reconocido a la tutela jurídica de la persona humana [MESSINETTI, 2005].

Pero ha sido sobre todo la europeización del ordenamiento jurídico italiano (como de los otros Estados Miembros de la Comunidad) la que ha advertido la exigencia de integrar la dogmática tradicional de tipo continental con el punto de vista de los remedios [DI MAJO, 2005; MAZZAMUTO, 2005; MANNINO, 2006].

2. Los remedios y las categorías civilistas

En efecto, desde el punto de vista conceptual y metodológico, se debe resaltar que el Derecho europeo de los contratos no puede tener sino una naturaleza remedial: en tal sentido son decisivos los objetivos que esta perspectiva constitucionalmente ha conseguido y los límites que caracterizan las respectivas competencias legislativas al nivel primario o sea del Tratado de Roma.

La naturaleza remedial del Derecho europeo de los contratos no constituye, en efecto, su característica empírica o accidental, que sea susceptible de ser más o menos intensamente graduada por parte de la Comunidad Europea en el ejercicio de su poder legislativo, sino es un componente estructural e intrínsecamente normativo.

Sin embargo, es necesario considerar que el Derecho europeo de los contratos no es, por así decir, autosuficiente, en el sentido que sus razones no se agotan en la exigencia de solucionar el conflicto de intereses entre las partes contratantes: éste ha sido, en cambio, prioritariamente proyectado y considerado como uno de los instrumentos para la instauración y el funcionamiento del mercado interno único. En este sentido, el Derecho europeo de los contratos es el natural complemento, incluso en sentido histórico, del Derecho europeo de la competencia [Jannarelli].

Ambos realizan una regulación del mercado que es necesaria, sobre todo en el sentido que, en su ausencia, el mercado estaría destinado a fallar, ya que se encontraría en la imposibilidad de desarrollar su natural función de maximizar el bienestar económico y social de la colectividad: se trata, por ende, de remedios a la falla de mercado. Pero el punto decisivo es que el derecho privado europeo no puede, en efecto, ir más allá, porque las competencias legislativas en la Comunidad Europea se han vinculado al principio de subsidiariedad previsto por el artículo 5 del Tratado de Roma [Grundmann].

En otros términos, el derecho privado europeo puede contener todas las reglas que son indispensables para remediar las fallas del mercado, pero sólo éstas: lo demás, por cuanto podría ser útil para mejorar o corregir el mercado mismo, no es, por ende, indispensable para su funcionamiento y, por tanto, es desechado y arrojado fuera de la competencia legislativa de la Comunidad Europea, precisamente en virtud del principio de subsidiaridad [Sirena, 2004].

Esta necesaria limitación del Derecho europeo de los contratos origina, en efecto, que éste no pueda tener sino una naturaleza remedial y sea, por ende, más limitado que el Derecho nacional: por cuanto el perfil de las *actiones* puede ser significativo en la construcción jurídica de un instituto, y obviamente que éste identifique solamente uno de sus componentes esenciales.

Y, más bien, realizando un paso posterior, se debe decir que el componente remedial, por su naturaleza, no puede ser decisivo a los fines de la reconstrucción sistema de los institutos de derecho positivo, precisamente porque ésta, identificando y disciplinando las *actiones* en cuanto tales, es compatible con múltiples calificaciones jurídicas de la *fattispecie* inferior.

Así, por ejemplo, la directiva comunitaria n°44 de 1999 ha regulado las acciones sinalagmáticas efectuadas por el consumidor que había adquirido un bien no conforme al contrato, y sobre todo las relacionadas a la reparación y sustitución del bien. La doctrina no ha vacilado en deducir de esta disciplina todas las posibles implicaciones respecto a los efectos jurídicos producidos por el contrato de venta (y, más en general, de los contratos traslativos). Es así, por mencionar solo las tesis principales, y omitiendo sus innumerables variantes, se ha sostenido alternativamente que la nueva disciplina habría introducido a cargo del causante una obligación de conformidad de los bienes al contrato (primera tesis); habría introducido a cargo del causante una obligación de entregar bienes conforme al contrato (segunda tesis); habría introducido a cargo del causante una obligación de verificar y eventualmente de restablecer la conformidad de los bienes del contrato (tercera tesis); no habría introducido alguna nueva obligación a cargo del causante, pero habría rediseñado la tradicional garantía por los vicios, según el artículo 1490 del Código Civil italiano (cuarta tesis), etc. [para una visión crítica del conjunto: Mazzamuto, 2004].

En realidad, la disciplina regulada por la directiva comunitaria es en sí misma considerada compatible con algunas de estas opciones conceptuales, porque ésta habla el «lenguaje de los remedios», según la expresión del profesor Adolfo Di Majo, no el de los actos jurídicos y sus efectos primarios.

Así, para brindar un ejemplo, la disciplina sobre las cláusulas abusivas en los contratos con los consumidores, que es regulada por la directiva comunitaria n° 13 de 1993, ha sido reconducida sistemáticamente a la buena fe en sentido objetivo, pero también a la equidad, resaltando incluso la ahora conocida separación lingüística de la traducción italiana e incluso una suerte de mixtura entre los dos criterios normativos [para una visión crítica del conjunto: Sirena, 2006.

Estas experiencias, las cuales ahora se ha acercado al núcleo central del derecho privado, no se pueden, sin duda, reconducir a la natural exigencia de la doctrina de problematizar conceptual y sistemáticamente los datos del derecho positivo, pero dejan entrever alguna cuestión de fondo, que puede ser formulada un poco provocadoramente como una especie de *caveat* para el intérprete: el Derecho europeo de los contratos no puede y no debe ser tomado en serio en la reconstrucción sistemática de los institutos que contribuye a regular, porque no es este su «lenguaje».

Si se comparte este planteamiento, se deberá por ejemplo, considerar que es impropio construir la venta de los bienes de consumo como un nuevo sub-tipo contractual, caracterizado por la causa de consumo, porque esta tesis se agota en la pura y simple hipótesis de una disciplina que es remedial y que, como ya se ha dicho, no se presta a ser desplazada sobre el plano de la *fattispecie* inferior. Por la misma razón no se puede compartir que, procediendo de esta disciplina, se considere entonces irrelevante la producción del efecto traslativo del contrato a los fines del posterior cumplimiento de la entrega de la cosa o que se entienda la venta como contrato que transfiere no ya la propiedad de un bien, sino simplemente su goce o quizás una suerte de bien desmaterializado: así se «dogmatiza» esta disciplina excesivamente más allá de los límites de su naturaleza remedial, instrumentalizándola al punto de subvertir el modelo codicístico de la venta como negocio de intercambio.

La delimitación critica de las funciones desarrolladas por el Derecho europeo de los contratos y, por ello, también su relevancia sistemática conduce inevitablemente a una consideración ulterior. El *caveat* en el intérprete se puede convertir positivamente en una prescripción de método: el proceso de conexión del Derecho europeo de los contratos en el ordenamiento jurídico nacional no sólo ha descompuesto las categorías dogmáticas precedentemente elaboradas sobre la base del Derecho italiano, sino más bien estas son generalmente decisivas para la construcción conceptual de los institutos que, sobre el perfil remedial, han sido sucesivamente regulados por el Derecho europeo. Al menos queda en la esfera del intérprete la carga de probar lo contrario.

Puede parecer quizás una posición un poco defensiva, sino también retrograda. Pero ésta se justifica si, más en general, se procede del convencimiento que el rol estratégico del Derecho europeo de los contratos no sea el de sustituirse al derecho natural, de «desnacionalizar» los ordenamientos jurídicos de los Estados Miembros [MAZZAMUTO, 2005], sino el de provocar en su interior una necesaria modernización, principalmente vinculada a objetivos de eficiencia económica. En este sentido, la eventualidad que el Derecho europeo de los contratos fungiendo, en efecto, como catalizador de esta modernización, pueda acentuar, en vez de reducir, la diversificación entre los ordenamientos jurídicos nacionales no es, en efecto, un peligro, sino más bien una preciosa oportunidad para potenciar ulteriormente la libertad contractual de las partes contratantes.

Bibliografía

CAPPELLINI, *Systema iuris*, 2 vol., Milán, 1984-1985.

DI MAJO, *La tutela civile dei diritti*[4], Milán, 2003.

- *Il linguaggio dei rimedi*, en *Europa e dir. priv.*, 2005, pp. 341 y ss.

GRUNDMANN, «La struttura del diritto europeo dei contratti», en *Riv. dir. civ.*, 2002, I, pp. 365 y ss.

JANNARELLI, «La disciplina dell'atto e dell'attività: i contratti tra imprese e tra imprese e consumatori», en *Tratt. dir. priv. europeo*, III, a cura di Lipari, Padua, 2003, pp. 3 y ss.

MANNINO, «Considerazioni sulla «strategia rimediale»: buona fede ed *exceptio doli generalis*», en *Europa e dir. priv.*, 2006, pp. 1283 y ss.

MAZZAMUTO (a cura di), *Processo e tecniche di attuazione dei diritti*, 2 vol., Nápoles, 1989.

- «Equivoci e concettualismi nel diritto europeo dei contratti: il dibattito sulla vendita dei beni di consumo», en *Europa e dir. priv.*, 2004, pp. 1029 y ss.
- «Il diritto civile europeo e i diritti nazionali: come costruire l'unità nel rispetto della diversità», en *Contr. impr./Europa*, 2005, pp. 523 y ss.

MESSINETTI, «Ritornare a Parmenide? È consigliabile piuttosto ripartire dalle Institutiones», en *Riv. crit. dir. priv.*, 2000, pp. 395 y ss.

- «Sapere complesso e tecniche rimediali», en *Europa e dir. priv.*, 2005, pp. 605 y ss.

ORESTANO, *Introduzione allo studio del diritto romano*, Bolonia, 1987.

RODOTÀ, «Ideologie e tecniche nella riforma del diritto civile», en *Riv. dir. comm.*, 1967, I, pp. 83 y ss.

SIRENA, «L'integrazione del diritto dei consumatori nella disciplina generale del contratto», en *Riv. dir. civ.*, 2004, I, pp. 787 y ss.

- «La categoria dei contratti d'impresa e il principio della buona fede», en *Riv. dir. civ.*, 2006, II, pp. 415 y ss.

ZAGREBELSKY, *Il diritto mite*, Turín, 1992.

La obligación en las perspectivas de la codificación europea y de reforma del Código Civil*

Cesare Massimo Bianca

* Traducción al idioma castellano, autorizada por el autor, de Carlos Agurto Gonzáles y Sonia Lidia Quequejana Mamani.

1. La desaparición de una parte general de la obligación en los Principios Unidroit y en los proyectos de codificación europea

Los movimientos de reforma de los códigos nacionales y las perspectivas de una codificación del derecho privado europeo exigen la atención sobre la figura de la obligación, presentando la pregunta si esta antigua figura tenga aún razón de ser en una moderna disciplina privatista.

Una respuesta negativa ha sido sugerida por los *Principios de los contratos comerciales internacionales* elaborados por Unidroit, los cuales no contienen una parte dedicada a la obligación[1]. Ni siquiera los *Principles of European Contract Law* de la Comisión Lando tienen por objeto una parte concerniente a la obligación[2]. Análoga elección caracteriza el proyecto del *Code europèen des contrats* elaborado por la Academia de los Jusprivatistas europeos de Pavía[3]. El coordinador, Giuseppe Gandolfi, justifica esta elección, realizada por el grupo académico de trabajo, afirmando que «il s'agit en effet d'une notion inconnue dans l'aire de *common law* et à laquelle il n'est absolument pas indispensable d'accorder un role fondamental dans le système»[4].

Es necesario observar que los referidos textos tienen siempre como objeto relaciones obligatorias, ya que los efectos del contrato son comprendidos como efectos obligatorios y regulados como tales.

---

1 Véase la edición del 2004 comentada en Bonell, *Un «codice» internazionale del diritto dei contratti, I Principi Unidroit dei contratti commerciali internazionali*, 2ª ed., Milán, 2006.

2 Véase la edición italiana de los *Principi di diritto europeo dei contratti*, parte I y II, Milán, 2001, al cuidado de Carlo Castronovo, el cual en el *prefacio* presenta a la *obligación, junto al contrato, como «figura central» de los Principios y resalta la elección de confinar el contrato a los efectos obligatorios (p. XIX).*

3 *Code europèen des contrats*, coordinado por Gandolfi, *Lvre premier*, ed. rev. por L. Gatt, Milán, 2004.

4 Gandolfi, en *Code europèen des contrats*, cit., p. 123.

Que se traten de obligaciones es, a menudo, reconocido expresamente. Los *Principles Unidroit*, así, prevén el contenido del contrato en términos de obligaciones (art. 51 y ss). Los *Principles* de la Comisión Lando tratan declaraciones que originan obligaciones contractuales (art. 6.101), en el lugar de cumplimiento de la obligación (art. 7. 101), el deudor que no cumple la obligación nacida del contrato (art. 8. 101), por ejemplo. El proyecto Pavese prevé la «inexecution du contrat», con una expresión que recuerda el *Breach of contract* del Derecho inglés, pero aclarando inmediatamente que se trata de la inejecución de una «obligation contractuelle» (art.9) y preseta al contrato como fuente de obligaciones (art. 45)[5].

2. La separación respecto al sistema de nuestro Código Civil

Las referencias implícitas o explícitas a la relación obligatoria en los textos mencionados, se introducen en un cuadro sistemático en el cual falta una disciplina de la obligación en general y en que se advierte una neta separación respecto al sistema de nuestro Código Civil, que ha colocado a la obligación en el centro de la disciplina de la relaciones privatistas.

El legislador italiano de 1942 como es conocido, había cambiado el orden del código de 1865 que, siguiendo el esquema del código francés, había regulado la obligación en el libro de la propiedad, en el que se presenta el contrato como modo de adquisición de esta y la obligación como efecto del contrato. El nuevo sistema había tenido en cuenta la prevalente importancia asumida por la actividad económica y por el crédito, que es la fuerza motriz, respecto al momento estático de la propiedad. En la defensa de la legitimidad de una parte general de las obligaciones, la doctrina había esgrimido el argumento de la segura presencia de una serie de normas que regulan la vida de la relación obligatoria de cualquier fuente por esta derivado[6].

---

5 Gandolfi, *ult. cit.*, después de haber explicado la elección de no consagrar una parte del proyecto pavese a la obligación en general, agregando que se ha preferido tratar las obligaciones «à propos des *effets* et de l'*accomplissement* du contrat».

6 Giorgianni, *L'obbligazione*, Milán, 1968 (reimpresión de la edición de 1951), p. 5: «único siendo el concepto de obligación, cualquiera sea la fuente de la cual deriva, y unitaria, asimismo, la disciplina de la obligación, esto basta para justificar la presencia de una denominada *parte general de las obligaciones*».

3. Persistente importancia conceptual de la obligación como modelo basilar de las relaciones interprivados

La opción sistemática seguida por los Principios Unidroit y por los proyectos de codificación europea no ha encontrado la oposición de los juristas pertenecientes al área del *Civil law*. Esto se explica en cuanto esta opción no excluye que disposiciones dictadas respecto a las relaciones contractuales encuentran aplicación respecto a las relaciones obligatorias no derivadas del contrato. En efecto, utilizando la técnica legislativa mencionada es posible considerar que obligaciones de fuente no contractual hayan, en algunos casos, sido sometidas a la disciplina del contrato.

La opción sistemática que rechaza la parte general de la obligación no ha encontrado la oposición de los juristas de Europa continental, incluso porque esta no compete a la importancia conceptual de la obligación.

Como he tenido oportunidad de señalar, a propósito de la publicación del *Tratado de las obligaciones* de Fernando HINESTROSA, incluso si la obligación es absorbida en el ámbito de la disciplina del contrato, la ciencia jurídica no puede renunciar a la elaboración conceptual de una figura milagrosamente entregada a nosotros por el pensamiento jurídico romano, generalmente ajeno a abstracciones dogmáticas[7]: figura que expresa un modelo basilar de las relaciones interprivados[8].

4. La obligación en la normativa comunitaria

Mirando siempre a Europa y teniendo presente el *acquis communautaire*, es evidente que la figura de la obligación es una realidad constantemente presente en la normativa comunitaria.

En efecto, las obligaciones son a menudo objeto de reglamentaciones y directivas. Entre estas últimas es particularmente importante

---

[7] Recepción a HINESTROSA, Fernando, *Tratado de las obligaciones. Concepto, Estructura, Vicisitudes*, I, Bogotá, 2002, en *Rivista di diritto civile*, 2003, I, pp. 761 y ss.

[8] HINESTROSA, cit., p.50: «el derecho de obligaciones es, sin duda, el más complejo y abstracto de todos, a la vez es el que rige el mayor número de relaciones y hechos de la vida cotidiana, lo cual impone absorber con precisión aquella universalidad y vastedad de conceptos y verterlos en la realidad económica y social del intercambio de bienes y servicios y de su asociación, y del resarcimiento del daño».

la 2000/35/CE sobre los retardos en el pago de las transacciones comerciales. Si bien en esta directiva el término «débito» aparece esporádicamente, la referencia a los sujetos deudores y acreedores, al pago, a la mora, al retardo, a los intereses, etc., confirma que se trata de una disciplina de las obligaciones pecuniarias, representando el primer paso hacia una unificación del Derecho europeo de esta materia.

5. La previsión de la obligación del vendedor de bienes de consumo de entregar bienes conforme al contrato

Otro ejemplo significativo ha sido ofrecido por la Directiva 1999/44/CE sobre la venta de los bienes de consumo, la cual ha asumido la conformidad al contrato en el bien como lo que el vendedor «debe» entregar (art. 2, párrafo 1). La disposición comunitaria ha sido recibida por la ley italiana, que ha regulado la *obligación* del vendedor de entregar bienes conforme al contrato, o sea conforme a los criterios legales y convencionales de determinación de la prestación del vendedor.

Falta de vicios y presencia de las cualidades esenciales o prometidas se encuentran en tal modo sustraídas de la tradicional área de la garantía para resaltar, en cambio, la obligación principal del vendedor: la obligación de entregar un bien conforme al contrato.

El derecho comunitario, entonces, en vez de cancelar la figura de la obligación, atrae en el ámbito de esta área lo que la doctrina continental había reservado a la antigua garantía edilicia.

Y no faltan las posturas críticas.

Una de estas posiciones objeta que el contenido del contrato no se agota en la entrega del bien sino comprende en primer lugar la atribución traslativa, en relación a la cual es verificada la conformidad al contrato.

Respecto a la conformidad al contrato de la atribución traslativa, se objeta ulteriormente, sin embargo, sería inconfigurable una obligación, dada la inconfigurabilidad lógica de una obligación que tiene como objeto el modo de ser de una cosa.

Precisamente, la conformidad al contrato no podría ser objeto de una obligación en cuanto faltaría la prestación obligatoria, el «comportamiento» del deudor mediante el cual se realiza la satisfacción de un crédito[9].

---

[9] LUMINOSO, en BIN y LUMINOSO, *Le garanzie nella vendita dei beni di consumo*, Padua, 2003, p. 372.

6. Una oportunidad para la precisión de la noción de prestación obligatoria

La afirmada inconfigurabilidad lógica de la obligación del vendedor teniendo como objeto la conformidad del bien al contrato, se funda en la teoría del comportamiento como objeto de la obligación.

El mérito seguro de la teoría del comportamiento debido es el de haber identificado en el deber del deudor «el punto central de la obligación», refutando las teorías patrimoniales dirigidas a acoger el objeto del derecho de crédito en un poder del acreedor sobre los bienes o sobre la actividad del deudor[10].

Sin embargo, esta no debe llevar a considerar que la prestación consista necesariamente en un «hacer», ni siquiera en sentido lato. La experiencia de las relaciones obligatorias expresa, en efecto, que la obligación puede consistir en la realización de un determinado resultado abscribible al deudor. La venta de cosa ajena es un significativo ejemplo de obligación en el que el resultado debido es realizado mediante un efecto jurídico abscribible al deudor, como consecuencia de una posición jurídica, por parte del mismo, que vuelve posible el efecto traslativo en favor del acreedor.

Incluso en la venta de cosa propia el efecto traslativo es un resultado abscribible al deudor en cuanto este es posible por su posición jurídica de titular del derecho transferido.

En las ventas en que actúa el principio consensualístico la transferencia del derecho tiene lugar como consecuencia del simple consen-

---

10 La teoría del comportamiento como objeto del derecho de crédito pertenece a la tradición: ya Windscheid, *Dirito delle Pandette*, traducción italiana de Fadda y Bensa, II, Turín, 1930, p. 8, había identificado este objeto en el «acto, al cual el derecho de crédito obliga al deudor». Se debe, además, a Giorgianni, *L'obbligazione*, cit., pp. 213 y ss., la nueva fundación de la concepción del comportamiento como punto de referencia del derecho del acreedor y la vigorosa crítica de las teorías patrimoniales.
Eximios exponentes de estas teorías -recordamos- eran principalmente Nicoló, «L'adempimento dell'obbligo altrui», en *Raccolta di scritti* (1ª ed., Milán, 1936), II, Milán, 1980, p. 1021, el cual había identificado el derecho de acreedor no como derecho a la prestación sino como «derecho a la entrega del bien debido», y Carnelutti, «Appunti sulle obbligazioni», en *R. d. comm.*, I, 1915, p. 528, el cual había reducido la posición del deudor a una sujeción al poder del acreedor.

timiento e induce a resaltar que por el contrato no nace la obligación del vendedor de transferir al comprador la propiedad del bien. Precisamente, la transferencia de la propiedad es inmediatamente realizada como efecto del consentimiento sin que sea necesario un ulterior cumplimiento (entrega, registro).

La inmediata realización del resultado traslativo no suprime, sin embargo, que se trate también de un resultado *debido*.

En efecto, en el significado práctico que la venta tiene para las partes, la transferencia del bien no es una simple previsión de un posible acontecimiento sino es la atribución patrimonial a la cual el vendedor está comprometido: el efecto real se determina en la actuación del derecho del comprador de tener el bien en propiedad.

Entonces, el principio del consenso traslativo no excluye la carga de la venta, sino más bien la presupone y por carga se quiere expresar la obligatoriedad, es decir la necesidad jurídica del interés ajeno.

Respecto a la afirmada imposibilidad lógica de una obligación concerniente a la condición material del bien, se ha expresado que el vendedor no se obliga a que exista una calidad o no exista un vicio, sino se obliga a que el comprador reciba un bien conforme en las determinaciones legales y convencionales, se compromete a un resultado.

Entonces, la inexactitud del bien, su no conformidad al contrato, integra el incumplimiento de una obligación, como ya en el pasado había sido admitido en doctrina, y como ahora debe admitirse frente de la norma comunitaria en el tema de venta del bien de consumo, la cual ha asignado a la obligación un rol central y unificante.

7. La renuncia a una parte general de la obligación como costo necesario de la unificación del derecho contractual europeo

La disciplina de la venta de los bienes de consumo demuestra que el derecho comunitario conoce la obligación y propone, más bien, la extensión al campo reservado tradicionalmente a las «garantías».

Sin embargo, la extensión no parece haber involucrado al Reino Unido, donde la ejecución de la Directiva sobre la venta de consumo es realizada a través de una serie de enmiendas y de integraciones de la vigente ley sobre la venta (el *Sale of Goods Act* de 1979), sin alterar la estructura de fondo[11]. Incluso después del recibimiento de la Directiva, la disciplina inglesa no menciona el término obligación, conservando las referencias a *conditions* y *warranties* y a las calidades e idoneidad del bien como objeto de «express or implied terms» (haciendo excepción del *duty* del vendedor de entregar el bien)[12].

El lenguaje del legislador inglés refleja la no familiaridad de la obligación en la doctrina inglesa, que, poco inclinada a abstractas elaboraciones conceptuales, no dedica atención a esta figura y no estudia la teoría[13].

Por tanto, parece justificada, en esta perspectiva, la observación que la noción de obligación es desconocida en el *Common law* y es comprensible la indicada elección de los proyectos de codificación europea de renunciar a la disciplina de la obligación.

Esta renuncia parece un costo necesario para arribar a una codificación europea del contrato que sea aceptable por parte de los juristas de las áreas anglosajonas y escandinavas.

8. Inoportunidad de la renuncia en una perspectiva de reforma del Código Civil italiano

Dirigiendo la mirada en nuestro derecho interno, la pregunta acerca la persistente razón de ser de la obligación en una moderna

---

11 Howells y Twigg-Flesner, «Molto rumore per nulla? L'attuazione della Direttiva 99/44/CE nell'Ordinamento inglese», en Alessi, Risalba (al cuidado de), *La vendita di beni di consumo*, Milán, 2005, p. 25: «La aproximación del Reino Unido era la de hacer actuar la Directiva en modo tal de interferir lo menos posible con la preexistente legislación nacional».
Ibidem, a pp. 415 y ss., el texto de las *Sale and Supply of Goods to Consumers Regulations*, 2002.

12 Ni siquiera la doctrina clásica de *Sale of Goods* de Benjamín (véase la 3ª ed. publicada en Londres en 1987) trata las obligaciones derivadas de la venta. Sin embargo, es interesante, en cambio, la exposición de Atiyah, *The Sale of Goods*, 9ª ed. editada por Adams, Londres, hace constante referencia a los efectos de la venta en términos de deberes (*duties*) de las partes (*duty to pass a good title, duty to supply goods of the right quality*, etc.), agregando calificar como *obligations* los efectos de la venta. Así, a propósito de la *condition*, explica que esta «*is a term which, without being the fundamental obligation imposed by the contract, is still of such vital importance that it goes to the root of the transaction*».

13 La «no familiaridad» de la obligación en la doctrina inglesa es resaltada por Tettenburg, *An Introduction to the Law of Obligations*, Londres, 1984. Este tratamiento de la obligación representa una excepción en el panorama de la literatura inglesa.

disciplina privatista, asume concretitud respecto a la perspectiva de una revisión del libro cuarto del Código Civil.

En este enfoque, son considerados dos importantes modelo de renovación ofrecidos por Alemania y Francia: la reforma del derecho de obligaciones del BGB de 2002 y el proyecto de reforma del *code civil* en la parte del derecho de las obligaciones y de las prescripciones presentado al Ministerio de la Justicia, el 22 de septiembre de 2005.

Estos modelos proceden según una clara directriz: la centralidad del Código Civil y de la obligación.

La exigencia de un texto que otorgue orden sistemático a la materia de las relaciones interprivados y en particular a la materia de la obligación es decisivamente resaltada por los estudios que han acompañado el *avant projet*. La instancia unificadora esta presente también en el texto modernizado del BGB, donde han sido introducidas y generalizadas las diversas disposiciones surgidas de las intervenciones legislativas en tutela del contratante débil o del «consumidor».

Ambos textos han mantenido la disciplina de la obligación como parte general de la disciplina del contrato.

Estos modelos confirman que una modernización de nuestro Código Civil no debe necesariamente pasar a través de la abolición de la obligación y que, más bien, responde a un criterio de racionalidad y simplificación de tener una disciplina unitaria de las relaciones obligatorias, prescindiendo de su fuente.

9. Apuntes sobre la modernización del cuarto libro del código

Qué nuestro código debe ser «modernizado» es, desde hace tiempo, reconocido. Sin embargo, la modernización no tiene necesidad de copiar el modelo francés o alemán, donde encontramos, por otro lado, novedades ya presentes en nuestro código.

Se trata, principalmente, de realizar la implantación sistemática de los nuevos principios de matriz comunitaria en el cuerpo de la disciplina codicística del contrato en general y de los contratos especiales.

En esto aparece ejemplar la elección del legislador alemán.

Es necesario, por ende, intervenir en los sectores donde es mayormente advertida la exigencia de reducir formalidades obsoletas, como en el tema de mora del acreedor y de otorgar respuestas a algunas antiguas y nuevas problemáticas concernientes a la obligación y al contrato, como en el tema de daño en las obligaciones pecuniarias, de daño no patrimonial, de daño injusto, de nuevas garantías personales, de nexo de causalidad en la responsabilidad extracontractual, de acción inhibitoria, de nulidad del contrato.

Luces y sombras en la reforma del *Schuldrecht*[*]

Salvatore Patti

* Traducción al idioma castellano, autorizada por el autor, de Carlos Agurto Gonzáles y Sonia Lidia Quequejana Mamani.

1. La estructura del BGB y los objetivos de la codificación

Como es conocido, para la comprensión de los problemas del presente, es a menudo oportuno dirigir la mirada al pasado. Una confirmación de la exactitud del antiguo adagio y una segura utilidad para la reflexión sobre la reforma del *Schuldrecht*, en el cuadro del proceso de armonización del Derecho civil europeo, puede obtenerse de la lectura de las motivaciones que condujeron a la redacción del *Bürgerliches Gesetzbuch*.

Como recuerde Helmut Coing, la codificación del Derecho civil en Alemania se coloca, antes bien, en el esfuerzo de realizar la unidad nacional. En efecto, la unificación del derecho en el siglo diecinueve era vista como elemento de la cultura nacional, en el mismo plano que el idioma común. Esto fue resaltado por uno de los padres del BGB, Gottlieb Planck, el cual identificó en el derecho unitario la más genuina expresión del espíritu nacional y, al mismo tiempo, un eficaz vínculo y un irrenunciable elemento del Estado nacional.

A las razones mencionadas se agregan exigencias prácticas, sobre todo la de superar la *Rechtszersplitterung*, el fraccionamiento causado por la coexistencia en el territorio alemán de tres grandes áreas reguladas, respectivamente, por el Derecho prusiano, por el Derecho francés y por el derecho común.

El *Allgemeine Landrecht* prusiano encontraba aplicación en las provincias orientales y en Westfalia, el Derecho francés en las provincias renanas y en el Baden. En las otras regiones, se hacía uso aún del derecho común, que, sin embargo, era utilizado solamente a falta de estatutos locales y de derecho consuetudinario. En las materias del derecho de familia y de las sucesiones, por ejemplo, las diversas reglamentaciones eran innumerables.

El *Bürgerliches Gesetzbuch* (BGB), código del liberalismo político y económico, entró en vigor el 1° de enero de 1900. Los trabajos preparatorios se habían iniciado cerca de veinticinco años antes con el nombramiento de una comisión, formada por funcionarios ministeriales, jueces y profesores, los cuales elaboraron un proyecto que encontró vivaces críticas, sobre todo porque era juzgado lejano de las expectativas de la población y «poco social». Por tanto, se consideró oportuno formar una segunda comisión, en la cual fueron incluidos los laicos, que buscó la separación del derecho común y del sistema de las pandectas, dedicando mayor atención a los aspectos económicos y sociales. Se llegó, así, a un segundo proyecto y, después de una fase de debate y de posteriores trabajos, a un tercer proyecto que fue presentado al *Reichstag* y, finalmente, aprobado en 1896.

Como ha sido evidenciado, la importancia de la «cuestión social» no debe ser sobrevalorada. En verdad, en la fase inicial del debate se *señalaron los problemas* derivados de la industrialización y del nacimiento de las nuevas clases de trabajadores; sin embargo, juristas y políticos estuvieron de acuerdo en la afirmación que el fin a perseguir no era la realización de reformas sociales, sino la unidad del derecho civil. Por tanto, no se preocuparon de proporcionar normas específicas a favor de los sujetos económicamente más débiles, ni fue regulada la relación de trabajo.

Realizadas estas elecciones de fondo, para la concreción de la unificación, a los redactores les fue indicado un camino preciso, es decir la de escoger mejor teniendo en cuenta los modelos existentes y elaborar una regla nueva solamente en caso de necesidad.

No obstante, los casi 2,400 parágrafos, distribuidos en cinco libros, resulta agradable la estructura de la obra: como ha observado Salvatore Satta, el BGB en su conformación recuerda la estructura de un tratado, más que de una ley, con una parte general y las partes especiales, que a su vez distribuyen la materia en ulteriores partes generales y en partes especiales.

Muchas de las normas de la parte general representan la acogida de enseñanzas doctrinales, pero su redacción es guiada por un criterio bien preciso, el de convertir el texto de la ley lo más breve posible, formulando cada regla con el máximo grado de abstracción. Esto permite regular un amplio número de *fattispecie* con una única disposición. De las normas que presentan el más alto grado de abstracción se pasa a normas más concretas, destinadas a disciplinar *fattispecie* que necesitan de una regla específica.

El primer libro está dedicado a la «Parte general» (§§ 1-240), la cual contienen disposiciones aplicables a todas las *fattispecie* reguladas en los cuatro libros sucesivos, incluso las no derogadas por individuales disposiciones. Así, por ejemplo, la norma sobre la voluntad del sujeto incapaz (§ 105) encuentra aplicación, instituyendo la invalidez, ya en el caso de los contratos disciplinados en el segundo libro, que en el caso del testamento regulado en el quinto.

A la parte general sigue el libro sobre las relaciones obligatorias (§§ 241-853), que mayormente nos interesa en esta sede. En su primer parágrafo contiene una definición de relación obligatoria extremamente abstracta, idónea a abrazar todos los tipos hipotizables, regulados en las normas sucesivas. Incluso, las normas contenidas en la primera parte de este libro (*Abschnitte* 1-6) presentan carácter general -*das allgemeine Schuldrecht*- siendo aplicable a todas las relaciones obligatorias, mientras las normas contenidas en la segunda parte -*das besondere Schuldrecht*- contiene la disciplina de las individuales relaciones obligatorias, que encuentran su fuente en los diversos contratos (§ 433 y siguientes) o en el cumplimiento de un hecho ilícito (§ 823 y siguientes).

2. La historia y las razones de la reforma del *Schuldrecht*

Más o menos veinticinco años han durado también los trabajos de las diversas comisiones que se han sucedido en el tiempo y han conducido a la ley de reforma del *Schuldrech*t, que entró en vigor el 1° de enero del 2002.

El BGB, como todos los códigos civiles europeos -piénsese, sobre todo, en el *Code civil*-, en el curso de su vida centenaria, ha conocido numerosas modificaciones, pero, antes de la que es materia de nuestro examen, solamente como verdadera reforma es considerada la del derecho de familia de 1976, utilizada sobre todo para adecuar el libro cuarto a los principios y a los valores acogidos en el *Grundgesetz* de 1949. El derecho de familia vivió, en tal modo, una verdadera «revolución», que tiene origen sobre todo en la afirmación del principio de igualdad, regulado en el art. 3, II, del *Grundgesetz* del cual se concluía que los hombres y mujeres tienen los mismos derechos y, asimismo -como aclaró rapidamente el *Bundesverfassungsgericht*-, también en el ámbito de la familia.

Por otra parte, esta grande reforma afirmando la igualdad de los cónyuges, contribuyendo -desde mi punto de vista- a acrecentar la coherencia sistemática del código que, precisamente, en la igualdad de los sujetos veía uno como jefe y, por tanto, atribuyendo una posición de preeminencia al esposo había determinado, en su redacción inicial, una fractura del diseño en conjunto.

En cambio, una parcial renuncia a esta coherencia sistemática ha sido inevitable consecuencia de la más joven reforma. Ya en la introducción de los §§ 13 y 14 las definiciones de «empresario» y de «consumidor» que, aunque muy poco, ha precedido a la entrada en vigor del *Schuldrecht* «modernizado», había señalado el intento de construir una nueva sistemática, que tuviera en cuenta las exigencias de tutela de algunas categorías de sujetos, en primer lugar el «consumidor», pero al mismo tiempo, no obstante la conciencia de inevitables enmiendas del texto originario, permitiese sobre todo acoger el nuevo derecho privado de proveniencia europea manteniendo una línea de continuidad.

Como se ha señalado, la reforma del *Schuldrecht*, incluso si los trabajos han sufrido una brusca aceleración en la fase final, no representa una iniciativa apresurada. Ya en 1979, el ministro de Justicia había encargado a algunos expertos, prevalentemente profesores, presentar sus opiniones y formular propuestas para la reforma del derecho de los contratos y de las obligaciones. En 1981 fueron publicados dos volúmenes, conteniendo cerca de sesenta opiniones y en 1983 fue publicado un tercer volumen (*Gutachten und Vorschläge zur Überarbeitung des Schuldrechts*). En aquella ocasión Uwe DIEDERICHSEN afirmó que había sido ofrecida a la doctrina una gran ocasión para ejercitar una influencia inmediata en el proceso de formación del código.

En 1986 es instituida una Comisión que al inicio de los años noventa formuló un proyecto de reforma. Después de algunos años de reducida actividad, en 1996 se retoma a discutir sobre este proyecto, pero al mismo tiempo se perfilaba ya la directiva sobre la venta de los bienes de consumo y se decidió atender a la promulgación de esta última directiva destinada a incidir en el corazón del derecho contractual.

Entonces, la ley para la modernización del derecho de los contratos y de las obligaciones ha penetrado con profundidad. En un primer momento, se pensaba sobre todo hacer confluir en el código las nuevas normas dictadas en materia de contratos y de obligaciones, esparcidas en cerca de doscientos leyes especiales y además de incorporar en el texto del código las instituciones elaboradas en el curso de un siglo de jurisprudencia, por ejemplo, la culpa *in contrahendo*. Además, se perfilaba la introducción en el código de las normas de tutela del consumidor, en parte contenida en la ley sobre las condiciones generales del contrato de 1976.

Por otro lado, se ha procedido más allá de la materia de los contratos y de las obligaciones porque se advertía la necesidad de modificar la normativa en el tema de prescripción, inadecuada por el hecho de prever un término general de 30 años y, además, una serie de términos breves, a menudo al interior de las mismas materias, por ejemplo, la venta y el alquiler, por lo cual resultaba difícil, entonces, distinguir si se debía aplicar el término trigésimo anual o, en su defecto, además, un término de seis meses.

Además, se proponía introducir en el código, en el ámbito de la disciplina sobre la responsabilidad extracontractual, una norma en tema de actividad peligrosa, una suerte de clausula general, no diversa de la prevista en el art. 2050 del Código Civil italiano, que debería haber tomado el lugar de una serie de normas especiales que más allá de los muros del BGB, que se encuentra encerrado en el principio de la culpa, han introducido *fattispecie* de responsabilidad objetiva.

Al momento de la redacción del BGB, establecidos algunos principios, como libertad contractual o culpa como fundamento de la responsabilidad civil, se decide, en efecto, excluir todo lo que no se presentaba en línea con las elecciones iniciales de fondo. Así quedo fuera del código, al mismo tiempo de la formación del BGB, la conocida *Abzahlungsgesetz*, como también, inmediatamente después, de la ley sobre las aseguraciones de 1908, que ya contenía normas de tutela de la parte débil, incluso si no se utilizaba el término «consumidor».

La misma elección, en tiempos más recientes, ha comprometido la ley sobre las condiciones generales del contrato. En los años setenta se discutió ampliamente sobre la oportunidad de acoger esta ley en el código, pero se decidió en sentido negativo, ya sea porque entonces se comenzaba a perfilar una revisión general del libro segundo y, por ende, se deseaba prestar atención a la reforma para cumplir un trabajo sistemático, pero sobre todo porque el *AGB-Gesetz* contenía unos principios -piénsese, en el control del contenido del contrato- difícilmente conciliables con los del Código Civil.

El trabajo de los juristas se intensificó en el curso del 2001, que ha visto el desarrollo de dos importantes congresos, en Mónaco y en Regensburg, durante los cuales se ha discutido la denominada «*konsolidierte Fassung*», es decir la redacción revisada y corregida de un proyecto de reforma redactado en noviembre del 2000. Algunos puntos de este proyecto merecen ser recordados, pero preliminarmente es necesario, sin embargo, indicar qué es lo que ha cambiado respecto a las propuestas realizadas al inicio de los años ochenta.

Desde mi punto de vista, la diferencia más relevante es la siguiente. El proyecto inicial preveía una reelaboración, por así decir «nacional» del Código Civil y, por ello, adecuarlo a las nuevas exigencias teniendo en cuenta las leyes especiales y, además, de la poderosa contribución de la jurisprudencia. Entonces, se deseaba recodificar, resistematizar el derecho privado alemán sobre la base de una evolución «interna». En efecto, no había la necesidad de modernizar el Derecho alemán a la luz del europeo. En la última fase, en cambio, el estímulo más fuerte ha sido determinado por las directivas y, entonces, al programa inicial se ha agregado la armonización con el sistema del código el derecho de derivación europea, sobre todo el de la tutela del consumidor. Es necesario precisar la actuación de algunas directivas, en primer lugar la directiva sobre la venta y la garantía de los bienes de consumo que ha modificado profundamente el tradicional sistema de tutela del adquirente.

Al respecto, a nivel de técnica legislativa, se ha preguntado si la solución mejor era la de introducir la nueva normativa en el BGB y, entonces, reescribir el segundo libro o dar vida a un código autónomo de derecho de los consumidores, como se ha advertido en otros países europeos. Además, se presentó el problema si era preferible una intervención legislativa limitada a la actuación de las directivas, sin un intento de integración de la nueva normativa en el código (denominado *kleine Lösung*) o una intervención en conjunto, tendiente a recodificar el libro segundo, haciendo confluir las normas de actuación de las directivas -en el cuadro de un complejo trabajo de revisión de la materia íntegramente- (denominado *grobße Lösung*) al interior del Código Civil. Como es conocido, esta última tesis ha prevalecido.

3. La difícil coexistencia de la concepción liberal de la autonomía privada con el derecho de los contratos del consumidor

Serios problemas se ha presentado sobre todo respecto a la ley sobre las condiciones generales del contrato, ya que voces notables, como la de Peter ULMER, el cual además de ser uno de los padres de la ley es autor de uno de los comentarios más seguidos, se había opuesto, afirmando que la disciplina de las condiciones generales del contrato constituía actualmente un sistema normativo autónomo. Críticas análogas se han formulado incluso después de la reforma, sosteniendo sobre todo que la disciplina sobre las condiciones generales ha creado un cuerpo extraño al interior del BGB. En efecto, si se prescinde de las normas en tema de inhibición, incluidas en la *Unterlassungsklagegesetz*, todos los otros parágrafos del *AGB-Gesetz* han encontrado lugar en los §§ 305-310 del BGB sin una ulterior subdivisión por materia -por alguno proyectada- que permitiese una mejor acogida de los parágrafos al interior del código. Al respecto, además, se había observado que la colocación más correcta de la mencionadas normas habría sido al interior del libro primero, es decir en el *Allgemeiner Teil*, ya que el objeto de la disciplina está en el génesis de la relación obligatoria y que este transplante «en bloque» habría podido ser actuado en el momento de la promulgación del *AGB-Gesetz*, creándose un contraste entre los principios acogidos en la denominada ley y los del código.

Pero en verdad resulta cambiado el cuadro en conjunto, habiendo sido vertida al interior del *Schuldrecht* una multiplicidad de normas que, respondiendo a una diversa concepción de la autonomía privada y de las relaciones obligatorias, han modificado el cuadro en conjunto. Por otro lado, la inclusión en el código de normas extrañas a su historia, teniendo como punto de partida una directiva europea, se había ya iniciado antes de la ley de reforma, habiendo sido introducidas -como se ha mencionado- en los §§ 13 y 14 las definiciones de empresario y de consumidor y, sobre todo, en los parágrafos 361 a y b la reglamentación del derecho de revocación a favor del consumidor que no ha podido reflejar suficientemente el momento de la conclusión del contrato y, además, del derecho de restitución del bien adquirido. Estas normas han determinado una profunda fractura al interior del código y serios problemas a nivel de la interpretación sistemática. En efecto, una vez que ha sido aceptada, además, la posibilidad de modificar unilateralmente los *pacta* concluidos, de regresar atrás respecto a lo que se ha liberadamente decidido, se debe reconocer que el sistema originario del BGB ha sufrido una laceración.

Por otro lado, se puede compartir la tesis recientemente propuesta en la doctrina italiana, según la cual, en realidad, es necesario identificar un nuevo paradigma contractual, caracterizado, en primer lugar, por una atenuación de la «fuerza de la ley» del contrato y sobre todo por el sometimiento a controles sobre el equilibrio de las prestaciones, que no puede reducirse a la categoría del consumidor, pero abraza todas las hipótesis de «debilidad» de una parte respecto de la otra y, asimismo, de las hipótesis de «asimetría contractual» (Roppo). La elección del legislador alemán de «unificar» la disciplina -por ejemplo, en el caso del contrato de venta- para todos los contratantes, supera, de todos modos, en modo nuevamente más radical la necesidad de la referencia a la categoría del consumidor, ya que prescinde del concepto de «asimetría contractual», privilegiando en términos generales una disciplina considerada más adecuada a tutelar los contrapuestos intereses de las partes.

En efecto, la concepción acogida por el legislador de la reforma del *Schuldrecht* es la que el derecho de los contratos del consumidor no se presenta afuera del derecho privado general sino lo presupone, ya que sirve a eliminar «molestias» de la igualdad de los contratantes y, en tal modo, representa un presupuesto de funcionamiento de la autonomía privada.

El Código Civil para mantener su rol no puede omitir, es decir no puede no contener, normas de central relevancia en cuanto significativas para cada sujeto. Por tanto, se presenta como criticable que en el pasado la protección del consumidor haya sido considerada extraña al Código Civil, sino regulada por leyes especiales. En este modo, no se ha considerado que la mayor parte de las leyes de tutela del consumidor regula sectores que tienen una gran relevancia práctica para todos los consociados. Como ha sido observado, una codificación del derecho civil no puede satisfacer sus objetivos si no contiene disposiciones que encuentren aplicación en la vida cotidiana de las personas. Por este motivo, las leyes sobre la tutela del consumidor han sido introducidas en el BGB.

La elección del legislador alemán determina una difícil coexistencia entre normas antiguas y nuevas pero sobre todo entre dos diversas concepciones de la autonomía privada. En efecto, en una concepción de la autonomía privada *cuasi* privada de límites, que identifica la función del legislador y del juez en la sanción de la falta de respeto del acuerdo, se ha sobrepuesto una visión de la autonomía privada «contraída» dentro de límites precisos, dictados al fin de tutelar uno de los contratantes.

En tal sentido, a nivel sistemático, el cambio más significativo se había producido en 1976 con la ley de condiciones generales del contrato. En efecto, la jurisprudencia, que antes de la entrada en vigor de la mencionada ley había tutelado al contratante débil sobre la base del principio de buena fe (§ 242 del BGB), declaraba abusivas cláusulas contractuales que, sin embargo, no se colocaban en contraste con algunas de las (otras) normas vigentes: en efecto, se cumplía un control «caso por caso», que no perjudicaba el tejido normativo hecho casi exclusivamente de normas dispositivas. En cambio, las cláusulas declaradas abusivas en base a la ley sobre las condiciones generales del contrato –hoy codificadas en el libro segundo del BGB– son tales, más bien, para el contraste con normas (que prevén una lista de cláusulas abusivas) de la misma ley. Ya que estas cláusulas habrían sido lícitas en base al Derecho general de los contratos, se crea una contradicción, ahora al interior del código, difícilmente superable. La contradicción resulta acentuada si se considera que las normas inicialmente dictadas solamente para los contratos concluidos mediante condiciones generales han sido extendidas a todos los contratos en que una parte es «consumidor».

Con las directivas europeas en tema de contratos del consumidor aumenta la separación de las líneas de fondo del antiguo código liberal. En efecto, las directivas para tutelar al consumidor utilizan sobre todo dos instrumentos: inversión de la carga de la prueba, respecto a la repartición prevista por las reglas generales (inscritas o no inscritas) y previsión de normas imperativas que inciden en la fase de formación del acuerdo y sobre el contenido del contrato.

Ciertamente, puede expresarse que en una *Vertragsautonomie*, muy a menudo, solamente formal se ha sustituido, con apreciable adhesión a la realidad de las relaciones contractuales, a una autonomía más limitada pero efectiva. Compete a la jurisprudencia la tarea de precisar las reglas de convivencia del antiguo sistema con el nuevo orden de valores trasplantados en el código.

4. Las principales innovaciones desde el punto de vista sistemático

Entre las innovaciones principales introducidas por la ley de reforma es necesario recordar, más bien, la *Pflichtverletzung*, es decir la violación de la obligación (§ 280 del BGB). Una *fattispecie* general de este tipo era desconocida en el Código Civil alemán porque -según la opinión más difundida- era desconocido incluso el concepto de *Pflicht*, al menos como concepto general. Por este motivo algunos autores, sobre todo de la generación menos joven, por ejemplo Hans STOLL, se habían alineado contra esta innovación, considerando que la pretensión unificante, indicada como su justificación, sería solamente fuente de confusión. Se resaltaba, entre otros, que el concepto de *Pflichtverletzung* deriva por ciertos aspectos de la experiencia jurisprudencial de la culpa *in contrahendo* y de las positivas *Vertragsverletzungen* y, como tal, no merece la dignidad de concepto general del derecho de las obligaciones. La idea de *Pflicht* se presenta, por otro lado, en la responsabilidad civil en cuyo ámbito se desarrolla, sin embargo, del todo diverso, porque la obligación de resarcimiento nace de la violación de la *Pflicht* más que de presentarse en la base de la relación. A la nueva figura se ha arribado porque el *Leistungsstörungsrecht* del BGB, como ha observado Ulrich MAGNUS, presentaba la particularidad (si no se quiere tratar de defecto) de disciplinar la *fattispecie* -más bien rara- de la imposibilidad de la prestación y, asimismo, la de la mora, mientras no contenía alguna regla general para el caso más importante y, en todo caso, más frecuente, de inexacto cumplimiento de la prestación, con la consecuente evolución vinculada al instituto de origen jurisprudencial de las positivas *Vertragsverletzungen*. Por tanto, se había considerado eliminar del código la previsión específica en tema de la imposibilidad de la prestación y de regular el *Leistungsrecht* según el modelo ofrecido por la Convención de Viena sobre la venta de bienes inmuebles. Esto ha facilitado el trabajo sucesivo, ya que cuando se ha decidido incluir en el código la normativa de actuación de la directiva sobre la venta de los bienes de consumo, con la consecuente necesidad de intervenir sobre las reglas generales en tema de incumplimiento, se ha identificado una línea de continuidad, puesto que el principio de central importancia de la (falta de) conformidad de la prestación al contrato encuentran un preciso antecedente en la mencionada Convención.

El debate relativo a este problema, sobre todo a continuación de las críticas formulada por Ulrich HUBER, sin embargo ha conducido en la concitada fase final de los trabajos preparatorios al nombramiento de una comisión de expertos, presidida por Claus-Wilhelm CANARIS, encargado de afrontar únicamente esta temática. La *fattispecie* de la imposibilidad de la prestación, considerada útil sobre todo para delimitar el incumplimiento, es así reingresada -incluso también «redimensionada»- al interior del *Leistungsstörungsrecht* del BGB, pero las críticas -como atestiguan las contribuciones en este debate- no se encuentran atenuadas ni se prevé fácil la tarea de la jurisprudencia. Respecto a la evolución del Código europeo de los contratos, debe admitirse la importancia que el BGB, con el concepto de *Pflichtverletzung*, ha permanecido fiel al concepto de obligación, encuadrando, entonces, la falta de respeto al compromiso contractual en la más amplia *fattispecie* de la violación de la obligación.

La *Pflichtverletzung* se presenta -desde mi punto de vista- en la misma línea, como apreciable concepto general, que la falta de conformidad al programa contractual, prevista en tema de contrato de venta y de contrato de alquiler.

Coherentemente, respecto a la venta, el legislador alemán ha actuado fielmente la directiva europea, suprimiendo o modificando instituciones y reglas de antigua tradición y codificando el criterio de (falta de) conformidad al contrato que supera, por ciertos aspectos, el concepto de vicio y -según una unánime opinión- suprime la figura, incluso en el ordenamiento alemán de origen jurisprudencial, del *aliud pro alio*. De otro lado, a diferencia de lo sucedido en el ordenamiento italiano, el legislador alemán ha preferido elevar la nueva disciplina al rango de normativa general de la venta de los bienes muebles, así que -incluso admitiendo en general la derogabilidad de las nuevas normas- ha sido evitado el sistema «binario» que se ha creado en nuestro ordenamiento.

En modo análogo, resulta modificada la disciplina del alquiler, donde particular importancia asume el concepto de falta de conformidad al contrato como también la nueva regla en tema de recesión.

En efecto, la normativa del código entonces no reflejaba el derecho viviente, y casi todos los contratos de los últimos años han sido estipulados sobre la base de condiciones generales del contrato que contienen una disciplina más adecuada a las exigencias de los modernos contratos de alquiler. Por otro lado, desde hace algunos años ha sido introducido en el código el parágrafo 649a, norma de gran interés porque atribuye al contratista el derecho de exigir al comitente una garantía para el pago (incluso) después que el contrato de alquiler ha sido concluido. La norma, evidentemente, trastorna los principios de la autonomía privada ya que modifica el equilibrio contractual que las partes habían alcanzado al momento de la conclusión del acuerdo, pero en conjunto debe ser compartida ya que tiene en cuenta la frecuente «debilidad» de la empresa, que desea «a todo costo» concluir el contrato para poder ejecutar los trabajos, respecto del comitente, el cual dispone, de todos modos, de una disciplina que tutela sus intereses.

Finalmente, algunas breves indicaciones respecto al instituto de la prescripción. El problema de fondo concierne a la extensión del término. El término general de la prescripción previsto por el BGB -como es conocido- era de treinta años. Por otro lado, como durante los trabajos de la reforma ha observado Reinhard Zimmermann, la extensión de un término adquiere un significado diverso según que se acoja una visión subjetiva o una objetiva de la prescripción, comprendiendo por perspectiva subjetiva la que atribuye relevancia al conocimiento del derechohabiente, o al menos a la posibilidad de conocer, ya sea la existencia del derecho de la persona que le compete actuar y por visión objetiva la que no tiene en cuenta estas circunstancias. Consecuentemente, incluso un término largo puede ser funcional si se prescinde de la relevancia de los aspectos subjetivos. La solución preelegida ha favorecido un término general breve (tres años), que atribuye consecuentemente importancia al conocimiento del derechohabiente, presupuesto para el inicio del término del plazo.

5. La codificación de instituciones elaboradas por la jurisprudencia

Respecto a la codificación de instituciones elaboradas por la jurisprudencia es necesario, ante todo, resaltar que las innovaciones presentan prevalentemente sólo un carácter sistemático o, incluso, responden a una simple exigencia de «visibilidad» aplicadas por los jueces sin aportar significativas modificaciones. El ejemplo más interesante es de la responsabilidad precontractual, incluso porque, no obstante, la precisión con la cual la jurisprudencia había elaborado esta institución, los juristas de las diversas comisiones han encontrado grandes dificultades a formular la norma del código (§ 311). Según algunos, estas dificultades atestiguarían que algunas cláusulas generales deben dejarlas a la obra de la jurisprudencia. Por tanto, habría sido suficiente el antiguo parágrafo 242, que -como es conocido- ha permitido la elaboración de diversas instituciones, entre las cuales, en efecto, variadas y amplias *fattispecie* de culpa *in contrahendo*, mientras la nueva norma no estaría en capacidad de abrazar la variedad de soluciones ofrecidas por la jurisprudencia.

Parece cierto, de todos modos, que, a la luz de lo que es definida como reglamentación parcial de la responsabilidad precontractual, adquiriendo dignidad de regla codística al igual que el principio de la libertad contractual, la *Vertrauenshaftung*, es decir la responsabilidad por confianza. En tal modo, de un lado se confirma, al interior del código, el principio de la libertad contractual y, por otro, éste se alinea al de la confianza, que se determina sobre la base del comportamiento del contratante, con todas las conocidas consecuencias ya elaboradas a la luz de la regla de formación jurisprudencial.

Otra figura, creada por la jurisprudencia sobre la base del § 242 del BGB, que ha recibido un expreso reconocimiento en el código (§ 313) es la *Geschäftsgrundlage*, muy conocida a la doctrina italiana que a ésta hace referencia cuando trata de la base negocial, de presupuesto o mención a la cláusula *rebus sic stantibus*. No acogiendo la tradicional tesis de LARENZ, ha sido privilegiada una única *fattispecie* de *Störung der Geschäftsgrundlage*, en capacidad de recomprender ya sea el error sobre las circunstancias que constituyen el presupuesto del contrato, como el cambio de las circunstancias sobrevenidas después de la conclusión del contrato: en efecto, ambas hipótesis en común por la inexigibilidad del cumplimiento y, por tanto, han sido previstos los mismos remedios, consistentes en primer lugar en la adecuación de la reglamentación contractual (*Anpassung*) y, en el caso de imposibilidad o inexigibilidad de esta adecuación, en el derecho de receso a favor de la parte perjudicada y, además, en el resarcimiento del daño si la «molestia» de la base negocial sea imputable a la contraparte.

6. La reforma alemana y el Código europeo de los contratos

Una consideración final. Hemos asistido a una enorme esfuerzo de modernización y de organización del Derecho privado alemán, que permanece en la vía de la tradición (significativo, entre otros aspectos, que no son regulados los tipos contractuales de derivación anglosajona); una tradición de codificación y, al mismo tiempo, respecto de las cambiantes exigencias de la economía y de las relaciones contractuales.

Hoy la atención del civilista es dirigida sobre todo al derecho contractual europeo y la imponente obra de recodificación alemana debe ser valorada incluso por este ángulo visual. Algunas de las críticas se basan en el hecho que solamente en parte las nuevas normas resultan conformes a los Principios de la Comisión Lando y de los Principios Unidroit. Así, por ejemplo, lo concerniente a la disciplina de la recesión por el contrato.

Por otro lado, puede observarse que los proyectos de Código Civil europeo deben contemplar también a la experiencia de los códigos civiles nacionales y, por ende, deben tener en cuenta el modelo ofrecido por el BGB «modernizado». No obstante, su fe en el modelo del código del siglo diecinueve, el nuevo *Schuldrecht* resulta sensible a las normas de proveniencia europea y abierto a las exigencias de la moderna economía, en capacidad de ofrecer una contribución significativa para la formación de un Derecho europeo de los contratos.

La restitución del enriquecimiento y el resarcimiento del daño*

Pietro Sirena

* Traducción al idioma castellano, autorizada por el autor, de Carlos Agurto Gonzáles y Sonia Lidia Quequejana Mamani.

1. La alteralidad estructural y funcional de restitución y resarcimiento

La doctrina civilista ha manifestado que la categoría de la restitución no sólo se distingue de la del resarcimiento, sino, en un cierto sentido, se la contrapone[1].

Como se deduce principalmente de los arts. 1223 a 1226 del c.c., en efecto, el resarcimiento del daño tiene por objetivo restituir la pérdida que el acto ilícito ha ocasionado en el patrimonio de quien lo ha sufrido[2], independientemente de lo que ha sido obtenido por quien lo ha cometido. Los remedios restitutorios obligan más al sujeto responsable a restaurar, precisamente, lo que se ha obtenido de la

---

1 En la literatura italiana, véase principalmente DI MAJO, *La tutela civile dei diritti*[4], Milán, 2003, pp. 319 y ss.; en la alemana, véase, LARENZ, CANARIS, *Lehrbuch des Schuldrechts*, II/2[13], München, 1994, p. 128; en la inglesa, véase, BIRKS, *Unjust enrichment*[2], Oxford, 2005, p. 3. Según una conocida de tesis, la distinción de la cual se trata no se agota en el plano de los efectos, porque trata una diversidad típica que ocasiona el daño: la responsabilidad civil trataría, en efecto, la lesión del derecho bajo el perfil de la facultad de disfrute, donde el enriquecimiento concerniría a la lesión del derecho bajo el perfil del poder de disposición (CASTRONOVO, «La responsabilità e altre forme di tutela civile», en ID., *La nuova responsabilità civile*[3], Milán, 2006, pp. 636 y s., nota 182). Esta construcción conceptual, la cual ha sido ampliamente empleada principalmente en las adquisiciones *a non domino* (NICOLUSSI, *Lesione del potere di disposizione e arricchimento. Un'indagine sul danno non aquiliano*, Milán, 1998, *passim* y espec. pp. 11 y ss.), ha sido tomada en materia de disfrute abusivo de la propiedad intelectual (PLAIA, *Proprietà intellettuale e risarcimento del danno*, Turín, 2005, *passim* y espec. pp. 112 y ss.). A propósito de la conocida doble alienación inmobiliaria, véase recientemente a VENTURELLI, *Circolazione giuridica e ingiustizia del danno. La doppia alienazione immobiliare tra tutela risarcitoria e restituzioni*, Brescia, 2005, espec. pp. 136 y ss.

2 Sobre la conocida *Differenztheorie* y sobre su revisión crítica, véase por todos PATTI, sobre «Danno patrimoniale», en *Dig. discipl. priv., Sez. Civ.*, V, Turín, 1989, pp. 94 y ss.

esfera jurídica patrimonial del sujeto tutelado, independientemente de la prueba de un efecto y concreto perjuicio de éste último: su objeto está constituido, entonces, no por el daño de quien lo ejercita, sino del enriquecimiento de quien sufre su ejercicio[3]. Así, por ejemplo, el art. 936, inciso 2° del c.c. obliga al propietario del suelo que prefiera realizar las obras hechas por un tercero con materiales propios, a responderles, además del valor de estos materiales, el precio de la mano de obra[4], también cuando esta última consista en el trabajo personalmente prestado por el mismo tercero (y por esto sin que éste haya sufrido una pérdida efectiva)[5].

---

3 Que la tutela restitutoria tenga, precisamente, por objeto un enriquecimiento del sujeto responsable, como se indicará mejor a continuación, no puede aún considerarse pacífico. En general, cfr. Messinetti, «Ritornare a Parmenide? È consigliabile, piuttosto, ripartire dalle Institutiones», en *Riv. crit. dir. priv.*, 2000, pp. 435 y s., el cual, tomando una indicación de Nicoló, sostiene que los efectos restitutorios presuponen en rigor la identidad entre cuanto recibido y el objeto que se restituye y no puede, entonces, tener por objeto una prestación de género (la restitución de una suma de dinero, en particular, efectivamente, una finalidad restitutoria, sino resarcitoria). En términos análogos se explica la tendencia doctrinaria a poner en discusión el asunto según el cual la repetición del indebido, la cual es orientada, precisamente, a la restitución de la prestación indebidamente recibida por el sujeto responsable, se basa en el principio general del enriquecimiento sin causa [por todos, véase Breccia, *La ripetizione dell'indebito*, Milán, 1974, p. 496; Moscati, «Il pagamento (e la ripetizione) dell'indebito, en Id., *Fonti legali e fonti «private» delle obbligazioni*, Padua, 1999, pp. 30 y s.; pero en sentido positivo, cfr. Rescigno, P., voz «Ripetizione dell'indebito, en *Noviss. Dig. it.*, XV, Turín, 1968, p. 1223; Bianca, C.M., *Diritto civile*, V, *La responsabilità*, Milán, 1994, p. 792].

4 Según una interpretación antiliteral de la disposición, sería, sin duda, debido el precio de mercado de la adición (en tal sentido, véase, P. Trimarchi, *L'arricchimento senza causa*, Milán, 1962, pp. 59 y s.; P. Barcellona, *Frutti e profitto d'impresa*, Milán, 1970, p. 99).

5 El primer punto no es aún pacífico, ya que ha sido sostenido que el propietario del suelo deba solamente reembolsar cuanto el tercero haya respondido por la actividad laboral de otros sujetos (Sacco, *L'arricchimento ottenuto mediante fatto ingiusto*, Turín, 1959, p. 210; en el sentido del texto, cfr. asimismo Trimarchi, *op. cit.*, p. 47; Paradiso, «L'accessione al suolo», en *Il Codice Civile. Commentario*, dirigido por Schlesinger, Artt. 934-938, Milán, 1994, p. 221). En cualquier caso, el art. 936, inciso 2° del c.c. prevé expresamente que, en vez de remunerar la materia prima y la mano de obra, el propietario pueda responder con una suma de dinero igual al aumento de valor llevado al fondo, tratándose de una obligación facultativa (Casación del 17 de marzo de 1995, n. 2112, en *Giur. it.*, 1996, I, 1, c. 662 y ss., con comentarios de Caggia). Se plantea el problema de coordinar sistemáticamente esta norma con las dictadas por el

Desde estas consideraciones se puede deducir que, así como está regulado por el derecho positivo italiano el resarcimiento del daño, no puede desarrollar función restitutoria alguna, precisamente, porque

---

art. 1150, 3° e inciso 5° del c.c., las cuáles, más bien, establecen que el poseedor (ilegítimo) en buena fe que haya mejorado la cosa del otro, tiene derecho a una indemnización, sin duda, igualmente al aumento del valor de la cosa en cuestión. Procediendo de la dialéctica entre regla y excepción, la doctrina es orientada a posturas simétricamente opuestas: de un lado, se ha sostenido que las normas dictadas por el art. 1150, 3° e inciso 5° del c.c. referentes al poseedor de buena sean excepcionales por ello, y por esto inaplicables a los casos regulados por los arts. 936, 939 y 940 del c.c. (SACCO, *op. cit.*, p. 185); de otro lado, se ha sostenido más bien que estos últimos no son aplicables a la posesión (de buena fe), el cual, más bien, es autónoma y exclusivamente regulado por el art. 1150, inciso 3° y 5° del c.c. (TRIMARCHI, *op. cit.*, pp. 57 y ss.). En realidad, es dudoso que las normas dictadas por el art. 1150, incisos 3° y 5° del c.c. sean excepcionales, porque, si bien se discute la disciplina de la acción general enriquecimiento sin causa, según el art. 2041 del c.c., esta no sólo es sistemáticamente coherente con el beneficio integral de los frutos previstos por el art. 1148 del c.c., pero son asimismo, específicamente rebatidos por el legislador a propósito de la posesión legítima y de la detención titulada de un fondo ajeno (véase los arts. 975, inc.1° del c.c. y 16 y ss., 1.3 mayo de 1982, n.203). Según una tesis extrema (BELFIORE, «Risoluzione per inadempimento e obbligazioni restitutorie», en *Scritti in onore di Giuseppe Auletta*, II, Milán, 1988, p. 375 e igualmente NICOLUSSI, *op. cit.*, pp. 279 y ss.), el art. 1150, incs. 3 y 5 del c.c., en la parte que trata del poseedor de buena fe, habría tácitamente abrogado las normas con este incompatible, y en especial la dictada por el art. 936, inc. 2 del c.c.; estas solución aparece más aún inconciliable con el dictado literal del mismo art. 1150, inciso 5° del c.c., el cual para cuanto refiere a las adiciones no mejoradoras, remite expresamente al art. 936 del c.c. (PARADISO, *op. cit.*, p. 231). La coordinación sistemática de la cual se trata debe ser principalmente conseguida procediendo del tema que la disciplina aplicable a las obligaciones restitutorias consideradas debe diferenciarse según cuanto el enriquecimiento del sujeto responsable se haya verificado a consecuencia de una prestación exigida a su favor por el sujeto tutelado o a consecuencia de una injerencia unilateral de este último en la esfera jurídica del otro (para un planteamiento conceptual análogo, véase TRIMARCHI, *op. cit.*, pp. 19 y ss. y, si bien con éxitos diversos, PARADISO, *op. cit.*, pp. 230, 240 y s.; en sentido crítico cfr. BELFIORE, *op. cit.*, pp. 372 y s., nota 148; NICOLUSSI, p. 283, nota 19): más precisamente, el art. 936 del c.c. presupone que las plantaciones, que las construcciones o las obras hayan sido hechas por tercero en ejecución de un contrato (originariamente o sucesivamente ineficaz) con el propietario mismo de la cosa; el art. 1150 del c.c. presupone más bien que éste haya sido tercero en su iniciativa, es decir, desde el punto de vista como poseedor ilegítimo de la cosa ajena (SIRENA, *La gestione di affari altrui. Ingerenze altruistiche, ingerenze egoistiche e restituzione del profitto*, Turín, 1999, pp. 139 y s.).

el enriquecimiento de quien ocasiona el daño no implica por definición ser considerado como daño emergente, ni como lucro cesante y es, entonces, excluido del objeto de la obligación resarcitoria, según el art. 1223 del c.c.[6]. En tal sentido, una análoga indicación es retomada

---

[6] En tal sentido, véase Castronovo, *op. cit.*, pp. 629 y ss., pp. 646 y s. A propósito del disfrute abusivo de la propiedad intelectual e industrial, es decir, de la contraparte en sentido lato, la jurisprudencia de mérito ha admitido que el beneficio lucrado por el causante del daño pueda constituir el indicio de una falta de ganancia del dañado (para la indicación precedente, véase Sirena, «Dalle pene private ai rimedi ultracompensativi», en *Studi in onore di Cesare Massimo Bianca,* IV, Milán, 2006, pp. 831 y ss.). Esta solución ha sido aprobada por la doctrina (véase, por ejemplo, Di Cataldo, «I brevetti per invenzione e per modello[2]», en *Il Codice Civile. Commentario,* dirigido por Schlesinger, Milán, 2000, p. 57; Sena, «I diritti sulle invenzioni e sui modelli industriali[3]», en *Tratt. dir. civ. e comm.,* dirigido por Cicu y Messineo, continuado por Mengoni, IX, 3, Milán, 1990, pp. 514 y s.) y ha sido sustancialmente cristalizada en los nuevos arts. 158 del l.aut. y 125 del t.u. propiedad industrial, así como formulados por el Dec. Leg. n. 140/2006 (véase, Di Cataldo, Vanzetti, *Manuale del diritto industriale*[5], Milán, 2005, pp. 510 y ss.; Franzosi, «Il risarcimento del danno da lesione di diritti di proprietà industriale», en *Dir. ind.,* 2005, pp. 205 y ss.; Renoldi, «Il risarcimento dei danni nella forma dei profitti persi: teoria e prassi», en *Dir. ind.,* 2006, pp. 306 y ss.); se debe aún excluir que ésta sea formalizable conceptualmente como el resarcimiento de un daño, al menos si es sólo simplemente supuesto que el título sería disfrutado en el futuro, el bien material, y falta, entonces, la prueba del lucro cesante (Sirena, «La restituzione del profitto ingiustificato (nel diritto industriale italiano)», en *Riv. dir. civ.,* 2006, I, p. 312; Id., *Dalle pene private ai rimedi ultracompensativi,* cit., pp. 833 y s.). En particular, ha sido precisado que sólo en presencia de inequívocos indicadores (por ej., mercado restringido), es posible determinar el lucro cesante en base a la utilidad neta del sujeto que ha cometido el ilícito, la cual no es una operación que se resuelve con una simple ficción (Plaia, *op. cit.*, p. 45); la mejor doctrina actual ha expresado una valoración fuertemente crítica sobre el aparato legislador, por esto ha debido tomar lúcidamente conciencia que la restitución de las utilidades previstas por el nuevo art. 125 inc. 3° del t.u. de la propiedad intelectual constituye una sanción diferente del resarcimiento del daño (Vanzetti, «La «restituzione» degli utili di cui all'art. 125, n. 3, C.p.i. nel diritto dei marchi», en *Dir. ind.,* 2005, p. 325). Procediendo de la específica conformación económico/patrimonial del daño ocasionado mediante un ilícito anticompetencial [Libertini, «Il risarcimento del danno per la violazione di norme generali sulla concorrenza (anti trust e concorrenza desleale)», en AA.VV., *Il risarcimento del danno da illecito concorrenziale e da lesione della proprietà intellettuale,* documentos del Congreso organizado por la S.I.S.P.I. en Castel Gandolfo, 20-22 de marzo de 2003, Milán, 2004, pp. 176 y ss.], más bien se ha sostenido que el enriquecimiento del que causa el daño constituye sin duda un imposible criterio de representación del daño ocasionado mediante el ilícito anticompetencial: realizándose esto, no se contradice la función compensatoria

en el *Avant-projet* de la reforma del Code Civil francés, y específicamente en el nuevo texto del art. 1370 que ha sido propuesto por la Comisión Catalá: éste precisa, en efecto, literalmente que el resarcimiento del daño no debe dejar al dañado «*ni perte ni profit*».

En la lectura jurídica anglosajona, a menudo, se han citado, para este propósito, las palabras de Lord BLACKBURN, según la cual «el daño resarcible debe ser cuantificado determinándose lo más exactamente posible la suma de dinero que es idónea a poner el sujeto dañado en la misma situación en cual se habría encontrado si no hubiese sufrido el ilícito»[7]: una definición de esta especie no es solamente cuantitativa, sino se vincula estrechamente a la función compensatoria (o, como un tiempo se prefería decir, reparatoria) que es prioritariamente asignada a la responsabilidad civil en todos los ordenamientos jurídicos europeos[8]

---

de la responsabilidad civil, pero sí se adaptaría «críticamente» a las exigencias de *policy* que son propias de este sector, haciendo de esta forma que el resarcimiento del daño hace al dañado indiferente al ilícito y lo incentive, por tanto, a actuar en las relaciones de conductas contrarias a las reglas de competencia y a la tutela misma de la competencia (GENOVESE, *Il risarcimento del danno da illecito concorrenziale*, Nápoles, 2005, *passim* y espec. p. 250, y ya en EAD., «Il risarcimento del danno da illecito concorrenziale», en AA.VV., *Il risarcimento del danno da illecito concorrenziale e da lesione della proprietà intellettuale*, cit., pp. 189 y ss.; al respecto cfr. SIRENA, *La restituzione del profitto ingiustificato*, cit., pp. 319 y ss.).

7 «[...] *In settling the sum of money to be given for reparation of damages you should as nearly as possible get at that sum of money which will put the party who has been injured, or who has suffered, in the same position as he would have been if he had not sustained the wrong for which he is now getting his compensation on reparation*» (Livingstone v. Raywards Coal Co. (1879-1880) 5 App.Cas. 25, 39). En el mismo sentido, pero con específico tratamiento a la responsabilidad contractual, BARON PARKE había ya afirmado: «The rule of the common law is, that where a party sustains a loss by reason of a breach of contract, he is, so far as money can do it, to be placed in the same situation, with regard to damages as if the contract had been performed» (Robinson v. Harman (1848) 1 Exch. 850, 855).

8 En la literatura jurídica alemana, véase por todos LANGE / SCHIEMANN, «Schadensersatz[3]», en *Handbuch des Schuldrechts*, hrsg. von Gernhuber, Tubinga, 2003, pp. 9 y s.; en la italiana, véase, M. BARCELLONA, «Funzione e struttura della responsabilità civile: considerazioni preliminari sul «concetto» di danno aquiliano», en *Riv. crit. dir. priv.*, 2004, pp. 222 y s., sobre la función compensativa de la responsabilidad civil, v. asimismo ALPA, *Diritto della responsabilità civile*, Bari-Roma, 2003, pp. 289 y ss.; FRANZONI, «Il danno risarcibile», en *Tratt. resp. civ.*, dirigido por el mismo, Milán, 2004, pp. 621 y ss.; MONATERI, «La responsabilità civile», en *Tratt. dir. civ.*, dirigido por SACCO, Turín, 1998, pp. 19 y ss.

al menos en cuanto refiere al resarcimiento del daño no patrimonial[9]. La jurisprudencia inglesa ha reconocido la resarcibilidad de los conocidos como restitutorios (*restitutionary damages*)[10] los cuales han sido destinados por los denominados como compensativos (*compensatory damages*), precisamente, porque se miden según el enriquecimiento de quien daña, así como por la pérdida del dañado[11].

Sea incluso con la finalidad de superar algunas tradicionales particularidades del *common law*, es significativo que la *Law Commission* haya propuesto unificar, precisamente, en la categoría de los *restitutionary damages* los remedios que los juristas ingleses siempre han admitido más ampliamente en materia de *for wrongs* (y principalmente, la *action for money had and received* y el *account of profits*)[12].

Como ha sido sostenido por la doctrina inglesa prevaleciente[13], más aún, esta categoría se demuestra insatisfactoria desde el punto de vista teórico, porque prescindir de la distinción conceptual entre

---

9 Como es conocido, en efecto, es igualmente dudoso que la responsabilidad civil desarrolle una función compensatoria también cuando se trata de daño a la persona (por último, véase a GAZZONI, «L'art. 2059 c.c. e la Corte Costituzionale: la maledizione colpisce ancora», en *Resp. civ. prev.*, 2003, pp. 1292 y ss.; ID., «Dall'economia del dolore all'economia dell'infelicità», en *ADL*, 2003, pp. 397 y ss.; SCOGNAMIGLIO, C., «Danno morale e funzione deterrente della responsabilità civile», en *Resp. civ. prev.*, 2007, pp. 2485 y ss.); esto último tiende, en efecto, a identificarse en la antijuricidad de la conducta, y por esto en el hecho mismo que sea violado el enunciado normativo (véase, principalmente, MESSINETTI, D., voz «Danno giuridico», en *Enc. dir. Agg.*, I, Milán, 1997, pp. 476 y ss.; ID., «I nuovi danni. Modernità, complessità della prassi, e pluralismo della nozione giuridica di danno», en *Riv. crit. dir. priv.*, 2006, pp. 550 y ss.).

10 Si es comprendida como una regla general, esta resarcibilidad constituye, asimismo, una adquisición reciente, si no una verdadera novedad; esta ha sido, en efecto, por primera vez afirmada (por la *Court of Appeal*) en Attorney-General v. Blake, Jonathan Cape Ltd. (Third Party) [1998] 2 W.L.R. 805.

11 McGREGOR, *On Damages*[17], Londres, 2003, pp. 394 y s.

12 La propuesta ha sido formulada a p. 51 del *Report* del 1997 intitulada «Aggravated, Exemplary and Restitutionary Damages», el cual se inserta en el *Sixth Programme of Law Reform: Damages.* Para las referencias doctrinales, véase, EDELMAN, *Gain-based damages*, Oxford, 2002, p. 79.

13 McGREGOR, «Restitutionary Damages», en *Wrongs and Remedies in the Twenty-First Century*, ed. by Birks, Oxford, 1996, pp. 203 y ss. En sentido opuesto, cfr. más aún EDELMAN, *op. cit.*, pp. 5 y ss., el cual sostiene en el *common law* el concepto de *damages* ha sido apropiadamente utilizado también a propósito de remedios ultra compensatorios (contra el *tort*).

resarcimiento y restitución[14]. Es igualmente significativo que, habiendo sido compelido a pronunciarse sobre un caso particularmente representativo, la *House of Lords* haya pronunciado, en el acuerdo a la restitución de su enriquecimiento[15], si debió haber querido expresamente evitar la infeliz referencia a los daños restitutorios, sosteniendo, más bien, adecuado el remedio respecto a los beneficios (*account of profits*)[16].

Precisamente, se suele partir desde este punto de vista para comprender la razón sustancial del precedente y, más en general, el exacto problema teórico-práctico que ha sido tomado en consideración por la experiencia anglosajona. Se trata de establecer si los beneficios que superan el daño resarcible ocasionado definitivamente al autor del acto ilícito (en cuanto constituyen el resultado de su iniciativa económica, por tanto, antijurídica) u ocasionado a quien lo sufriese

---

14 La misma jurisprudencia más aún sensible sostiene que referirse a daños restitutorios sea un error (véase, por ejemplo, la *dissenting opinion* de MILLET, LJ., en el caso Co-Operative Insurance Society Ltd. v. Argyll Stores (Holdings) Ltd. [1996] Ch. 286, 306).

15 Ha sido así reformada la sentencia contraria de la *Court of Appeal* (Attorney-General v. Blake, Jonathan Cape Ltd. (Third Party) [1998] 2 W.L.R. 805). Por ironía de la suerte, el acuerdo ha obtenido por la Corte Europea de los Derechos Humanos, si bien el Reino Unido había condenado a resarcirles el daño por la duración irrazonable del proceso (Blake v. United Kingdom (2007) 44 E.H.R.R. 29).

16 Attorney-General v. Blake, Jonathan Cape Ltd. (Third Party) [2000] E.M.L.R. 949, 965, con la *dissenting opinion* de Lord Hobhouse of Woodborough (el cual comparte la postura, aunque no la motivación, sosteniendo que la condenada habría debido ser sentenciada a título de resarcimiento de los *compensatory damages*). Un agente del *Secret Intelligence Service*, que había sido absuelto por el contraespionaje soviético, y que, entre otros, era repatriado a Rusia luego de haber evadido las cárceles inglesas, había publicado en Reino Unido un libro autobiográfico el cual estaba basado en las informaciones reservadas que había adquirido mientras estaba en servicio: sobre el presupuesto que éste hubiese sido obligado, precisamente, a la restitución de los provenientes recabados, la *House of Lords* ha decidido que el *Attorney-General* pudiese pretender de la casa editorial las sumas debidas convenidas en virtud del derecho de autor. La misma sentencia, «*as a footnote*», sostiene que una decisión similar ha sido realizada por *Supreme Court* estadounidense en el caso Snepp v. United States (1980) 444 U.S. 507, en la cual ha decidido que las pruebas recabadas por un dependiente de la *C.I.A.* mediante la divulgación de informaciones reservadas (relativas a la actividad de la *Agency* en Vietnam) constituyen objeto de un *constructive trust*, con el fin de «cambiar las ventajas de su infidelidad» («*to disgorge the benefits of his faithlessness*»).

(en cuanto han sido lucrados mediante la lesión de su interés valorable de ser tutelado por el ordenamiento jurídico)[17].

La *equity* del Derecho inglés toma tradicionalmente un remedio de rendir cuentas (*account*), y así como de revisión (*disgorgement*) de tales beneficios cuando el autor del ilícito sea unido a quien lo sufriera por un deber de reserva (*duty of confidence*) o de confianza (*fiduciary duty*)[18]: si se prueba buscar una situación jurídica homóloga en el ámbito del Derecho continental e italiano en particular caso, éste puede reflejarse en la obligación del mandatario de «dar cuentas al demandante de su trabajo y dirigirlo todo a quien lo ha recibido a causa del mandato» (art. 1713, inciso 1° del c.c.). Por cuanto nos interesa, el mandatario está obligado, precisamente, a restituir al mandante los beneficios que ha recabado del cumplimiento de la relación porque respecto a éste último, tiene un deber fiduciario, al menos en el sentido en el cual se entiende en la *equity* inglesa.

Precisamente, es la exigencia práctica de dilatar siempre mayormente el ámbito operativo de este remedio de restitución de los beneficios a hacer ciertamente que la experiencia jurisprudencial anglosajona tienda a configurar deberes equitativos siempre nuevos y diferentes, los cuales parecen converger en un precepto general de comportamiento que no es muy diferente del que caracteriza la buena fe del Derecho continental[19]: la expansión de estos deberes equitativos

[17] En la literatura jurídica italiana, como es conocido, el problema ha sido desarrollado por Rodolfo SACCO en su célebre monografía de 1959 sobre *L'arricchimento ottenuto mediante fatto ingiusto* (ya citado). En la literatura alemana, este mérito se debe principalmente a Fritz SCHULZ, el cual en el primer decenio del novecientos recondujo la jurisprudencia anglo-americana sobre el *profit by a wrong* en el ámbito del enriquecimiento sin causa y de la restitución, según los §§ 812 y ss. *BGB* (SCHULZ, «System der Rechte auf den Eingriffserweb», en *AcP*, 1909, pp. 1 y ss.; para los desarrollos sucesivos, véase el amplio estudio de KÖNIG, «Gewinnhaftung», en *Festschrift für Ernst von Caemmerer*, Tübingen, 1978, Sonderdruck, p. 183).

[18] Para un ejemplo de un marco conjunto, véase GOFF&JONES, *The Law of Restitution*[6], Londres, 2002, pp. 707 y ss.

[19] Es particularmente significativo que sea propuesto comprender los *fiduciary duties* y los *duties of confidence* en una categoría más amplia de los deberes equitativos, basado en la exigencia de una *obligation of good faith or loyalty*. Ha sido más aún sostenido que, a diferencia de una obligación de buena fe, estos deben ser equitativos e impondrían salvaguardar activamente los intereses de la otra parte, pero solamente de abstenerse a actuar con «cínica indiferencia» (*cynical disregard*) de estos últimos (WORTHINGTON, «Reconsidering Disgorgement for Wrongs», en *The Modern Law Review*, 1999, espec. p. 238).

ha constituido, precisamente, un presupuesto necesario para adosar al autor del ilícito las responsabilidades de rendición de cuentas y de reversión de los beneficios, los cuales presuponen, en efecto, que éste pueda ser considerado (según las categorías del Derecho europeo continental) como un mandatario del sujeto tutelado, si bien éste último no les haya conferido algún mandato -una suerte de mandatario *ex lege*-.

Esta estrategia dogmática históricamente ha desconcertado su misma racionalidad objetiva e, igualmente, ha entrado en crisis, donde se ha advertido la exigencia de obligar a la restitución de los beneficios, no más al que pudiese ser considerado *ex lege* como el mandatario del otro sujeto, sino el autor de cualquier acto ilícito[20]: el remedio del *account of profits*, por las razones que han sido recientemente expuestas,

---

20 La función compensatoria de la responsabilidad civil ha sido más bien tradicionalmente presentada en los casos de violación del contrato (*breach of contract*), confirmando que el daño resarcible debe ser determinado en base a la pérdida o a la lesión sufrida por el dañado, no en base al enriquecimiento eventual lucrado por el que causó el daño (el caso más célebre en tal sentido es el conocido Ocean Island Nº 1, es decir, Tito and Others v. Waddell and Others [1977] Ch. 106). Esta solución restrictiva parece estar aún radicalmente puesta en discusión por la *House of Lords* en la citada sentencia relativa al caso Attorney-General v. Blake, Jonathan Cape Ltd. (Third Party) [2000] E.M.L.R. 949; es aún difícil valorar la efectiva entrada innovativa del precedente, si esto ha sido decidido a partir del presupuesto de su excepcionalidad y que ha sido comprobada la existencia de una obligación fiduciaria (o, asimismo, de una situación jurídica estrictamente análoga) entre las partes, la cual se comprueba tradicionalmente el remedio de *account of profits* («*The undertaking, if not a fiduciary obligation, was closely akin to a fiduciary obligation, where an account of profits is a standard remedy in the event of breach*», p. 969; véase también *supra*, n. 1). No obstante, el precedente contrario de Surrey County Council and Another v. Bredero Homes Ltd. [1993] 1 W.L.R. 1361, se puede igualmente sostener que el remedio de *account of profitsk es admisible en caso de violación de un restrictive covenant* (Wrotham Park Estate Co. Ltd. v. Parkside Homes Ltd. and Others [1974] 1 W.L.R. 798); más aún es conveniente considerar que este último no es un *contract* y sus efectos jurídicos tienden a considerarlo como límites de la propiedad o como vínculos reales. Para una amplia reseña de la literatura y de la jurisprudencia al respecto, véase, PARDOLESI, P., «Rimedi all'inadempimento contrattuale: un ruolo per il disgorgement?», en *Riv. dir. civ.*, 2003, I, pp. 717 y ss.; ID., *Profitto illecito e risarcimento del danno,* Trento, 2005; ID., «Arricchimento da fatto illecito: dalle sortite giurisprudenziali ai tormentati slanci del legislatore», en *Riv. crit. dir. priv.*, 2006, pp. 523 y ss.; ID., «Rimedi che non rimediano e alternative risarcitorie: il «disgorgement» dei profitti da inadempimento», en *Riv. crit. dir. priv.*, 2007, pp. 473 y ss.

resulta, en efecto, inutilizables cuando no se puede suponer algún deber de reserva o de confianza a cargo del sujeto agente[21], es decir, cuando el ilícito es realizado más allá de un contacto social calificado con el sujeto pasivo. El problema se ha presentado, principalmente, en el área de los conocidos *proprietary torts* los cuales consisten en el disfrute abusivo de los bienes de propiedad del otro, termino afirmando que, en cuanto se trata específicamente de propiedad intelectual e industrial, los remedios que se pueden poner en práctica están regulados en el Derecho inglés por leyes redactadas respectivas[22].

2. El uso de un bien al servicio ajeno

En el área de los *proprietary torts* mencionados por la jurisprudencia inglesa, la cual ha negado la admisibilidad del específico remedio en *equity* de restitución de los beneficios, pero al mismo tiempo tendencialmente ha satisfecho la exigencia que se constituye la razón sustancial admitiendo la resarcibilidad de los daños restitutorios.

Respecto a que nos interesa, es esencial poner en claro el criterio de determinación cuantitativa de estos daños restitutorios, el cual está, precisamente, constituido por el valor de uso (*use value*) del bien ajeno que ha sido abusivamente disfrutado por el sujeto responsable[23].

---

21 WORTHINGTON, *op. cit.*, espec. pp. 235 y ss.

22 Asimismo, precedentemente, en la aplicación del remedio del *account of profits* para la tutela de la propiedad intelectual e industrial, ampliamente se ha afirmado en la jurisprudencia de *equity* (véase, Hogg v. Kirby, 8 Ves. 215; Lever v. Goodwin (1887) 36 Ch.D. 1).

23 Se trata del conocido *user principle,* que ha sido explícitamente enunciado por L.J. NICHOLLS en Stoke-on-Trent City Council v. W. & J. Wass [1998] 1 W.L.R. 1406, 1416. Esto es lo más resaltante en el tiempo, habiendo sido elaborado en la mitad del ochocientos en los numerosos casos de disfrute abusivo de una manera por el otro: la primera vez que fue enunciado fue en Martin v. Porter (1839) 5 M. & W. 351 que se condenó el contenido de adjudicar al propietario una compensación razonable a este título (denominado *wayleave*). El principio ha sido regularmente aplicado tanto en los casos de *trespass* (véase, por ejemplo, Whitwham v. Westminster Brymbo Coal y Coke Co. [1896] 2 Ch. 538 y, más ampliamente, Swordheath Properties Ltd. v. Tabet and Others [1979] 1 W.L.R. 285), cuando en los casos de *wrongful detection of goods* (véase, por ejemplo, The Mediana [1900] A.C. 113 y, más recientemente, Strand Electric and Engineering Co. Ltd. v. Brisford Entertainments Ltd. [1952] 2 Q.B. 246). Más recientemente éste ha sido aplicado también en un caso de *breach of contract* (Experience Hendrix v. PPX Enterprises Inc. [2003] EWCA Civ. 323), el cual se refería al disfrute de la propiedad intelectual en violación de las respectivas licencias.

En un sentido muy débil, y en definitiva impropio, puede reconducirse al remedio de restitución de los beneficios que se quisiera en cualquier forma subrogar[24] y quizás esta postura genera una inoportuna confusión no sólo sustancial, sino también terminológica[25].

Es dudoso que también el pago de la suma equivalente al uso del bien (o de un servicio) corresponda a una cierta utilidad percibida por el sujeto responsable, la cual es potencialmente superior a la pérdida efectiva del propietario[26].

---

24 La interferencia entre los dos problemas es, por ejemplo, evidente en el caso Wrotham Park Estate Co. Ltd. v. Parkside Homes Ltd. and Others [1974] 1 W.L.R. 798, en el cual han sido construidos edificios sobre un terreno que estaba gravado por un *restrictive convenant*. Siendo denegada de hecho su distribución por razones sociales y económicas, la *Chancery Division* de la *High Court of Justice* ha condenado los acuerdos al pago de la suma que habría podido ser razonablemente requerida por la extinción del vínculo y equitativamente cuantificado en la medida del 5 por ciento de los beneficios lucrativos por los acuerdos («That damages should be such a sum as the plaintiffs might reasonably have demanded as a quid pro quo for relaxing the covenant had the first defendants applied to them for relaxation; and that, in all the circumstances of the present case, it would be right to award them five per cent of the reasonably anticipated profits of the first defendants and that that sum should be apportioned equally between the first defendants and the individual householders»).

25 En tal sentido, véase, claramente EDELMAN, *op. cit.*, pp. 65 y ss., el cual deja la resarcibilidad de los *restitutionary damages* para la revisión (*disgorgement*) de los beneficios, reconduciéndola más bien a la referencia de un desplazamiento injustificado de valor (*transfer of value*) por el sujeto tutelado al responsable. Cfr. especialmente el ensayo crítico de ROTHERHAM, «The Conceptual Structure of Restitution for Wrongs», en *Cambridge L.J.*, 2007, pp. 172 y ss., el cual sostiene que esta construcción conceptual sea simplemente metafórica y, asimismo, inapropiada a comprender generalmente los casos en los cuales un sujeto se haya beneficiado de un derecho ajeno, ya que no podría considerarse por descontado que el titular de este derecho sufra consecuentemente la pérdida de un valor.

26 Para un estudio del problema en el ámbito europeo, véase, ampliamente, WÜRTHWEIN, *Schadensersatz für Verlust der Nutzungsmöglichkeit einer Sache oder für entgangene Gebrauchsvorteile?*, Tübingen, 2001, así como FILIOS, «Unjustified Enrichment Based on Interference With Another's Property in French and Greek Legal Order - The Specific Problem of the Requirement 'At the Expense of Another'», en *ERPL*, 2006, pp. 327 y ss.; HUBER, Eigentumsschutz durch Deliktsrecht - Vergleichende Betrachtung zum Englischen Recht der Wrongful Interference with Goods», en *RabelsZ*, 1998, pp. 59 y ss.

Así, por ejemplo, si se ocupa abusivamente el inmueble del otro, no se ha expresado que se ocasione una pérdida efectiva al propietario, sino en el momento que no hubiese sufrido el ilícito, no sería igualmente directa utilizado el inmueble, ni habría concedido en locación[27]. Obligar, entonces, al ocupante abusivo de un inmueble a pagar una suma equivalente a su real valor locativo significa atribuir potencialmente al propietario más de cuanto éste haya perdido[28], se afirma que en el momento en que se haya sufrido un mayor daño, podrá pretenderse el resarcimiento[29].

---

[27] A este propósito se ha observado que, si Ticio ocupa abusivamente una habitación libre y luego utiliza correctamente el bien a su cargo puede terminar por coincidir con el precio normalmente exigido por el empresario para la utilización del inmueble; si Ticio ocupa abusivamente un cuarto de una casa privada, el resarcimiento puede ser reducido o simbólico (véase, LIBERTINI, *Il risarcimento del danno per la violazione di norme generali sulla concorrenza*, cit., pp. 178 y s., nota 31).

[28] La solución ha sido recientemente aplicada por la jurisprudencia de legitimidad en un sentido en el cual el inmueble se había convertido en inutilizable en caso que los propietarios de algunos locales se había ilícitamente negado a proveer su manutención, así como a realizar lo que es común de las partes (Casación del 6 de junio del 2007, en *Nuova giur. civ. comm.*, 2007, I, pp. 1340 y ss., con comentarios de TOSCANO, *Danno da limitazione nel godimento*).

[29] Según la jurisprudencia italiana, en particular, «la obligación de resarcir el mayor daño, contenido en el art. 1591 del c.c. a cargo del conductor en mora de la restitución de la cosa arrendada, presupone la más específica prueba de una efectiva lesión del patrimonio del arrendador, consiste en no haber podido dar en arrendamiento el bien por un canon más elevado, en no haber podido utilizar directa y tempestivamente el bien, en la pérdida de ocasiones de venta a un precio conveniente o en otras análogas situaciones perjudiciales, la cual encuentra prueba incumbente al arrendado teniendo que demostrar la existencia de propuestas documentadas de arrendamiento o de adquisición y de concretas propuestas de utilización» (Casación del 6 de junio de 1995, n. 6359, en *Giust. civ.*, 1996, I, pp. 1623 y ss.; en el mismo sentido, véase, por ejemplo, Casación del 28 de enero del 2002, n. 993; Casación del 28 de febrero del 2002, n. 2964; Casación del 23 de mayo de 2002, n. 7546, en *Giur. it.*, 2003, pp. 680 y ss., con comentarios de PETRI, *Sulla* emendatio *e* mutatio *livellabili: configurabilità e limiti*; Casación del 1° de julio del 2002, n. 9545, en *Giur. it.*, 2003, pp. 879 y ss., con comentarios de BOGGIANO, *Brevi note in tema di risarcimento del danno per ritardato rilascio dell'immobile locato*; Casación del 13 de julio del 2005, n. 14753; Casación del 7 de febrero del 2006, n. 2525; Casación del 26 de setiembre del 2006, n. 20829; Casación del 27 de marzo de 2007, n. 7499). Más recientemente, se ha afirmado un principio de derecho menos riguroso desde el punto de vista probatorio, el cual admite que la prueba del cual

Entonces, esta solución no es formalizable conceptualmente como el resarcimiento de un daño; esto no implica que ésta no sólo sea objetivamente racional[30], sino sea también fundada en base a datos del derecho positivo, en cuanto corresponde perfectamente al principio general de restitución del enriquecimiento sin causa que menciona el art. 2041 del c.c[31].

Planteamiento que, como se puede deducir del art. 2041, inciso 2° del c.c., el sujeto responsable es primariamente obligado a la restitución en forma específica, es decir, en su naturaleza, se puede sostener que esta restitución es imposible cuando se trate del valor de uso de un bien, el cual no puede ser restituido sino por uno equivalente, es decir, en dinero.

Se deduce que quien ha empelado sin título un bien ajeno es generalmente obligado a corresponder al titular del derecho una indemnización al igual que el valor de uso[32].

---

se trata pueda ser dada por presunciones siempre que, como es obvio, estas presenten los requisitos del que hace referencia el art. 2729, 1° inciso del c.c. (Casación del 22 de julio de 2004, n. 13628; Casación del 30 de julio de 2004, n. 14624; Casación del 23 de enero de 2006, n. 1224; Casación del 13 de junio de 2006, n. 13653, en *Corriere giur.*, 2007, pp. 61 y ss., con comentarios de FOFFA; en el mismo sentido, véase, Casación del 31 marzo de 2007, n. 8071; Casación del 22 de marzo de 2007, n. 6958).

30 En un célebre precedente inglés Earl of Halbsbury L.C. se pide insistentemente: «¿si cualquiera ha tomado una silla de mi estancia y la tiene por doce meses se podrá decir que se tiene derecho a una disminución del daño, en el caso en el cual se demuestra que yo no me he sentado habitualmente en la silla o que en la estancia había muchas otras?» (The Mediana [1900] A.C. 113, 117: «Supposing a person took away a chair out of my room and kept it for twelve months, could anybody say you had a right to diminish the damages by shewing that I did not usually sit in that chair, or that there were plenty of other chairs in the room?»).

31 Entonces, es significativo que la misma jurisprudencia inglesa tenga que resolver los casos que se tratan mediante el *law of restitution* (véase los dos precedente estrictamente análogos de Ministry of Defence v. Ashnam (1993) 66 P. & C.R. 195 y Ministry of Defence v. Thompson (1993) 25 H.L.R. 552). En sentido contrario, cfr. más aún EDELMAN, *op. cit.*, pp. 93 y ss., el cual sostiene con amplitud de argumentaciones la oportunidad de mantener los *restitutionary damages* separados de la *restitution for unjust enrichment.*

32 Para el Derecho inglés, véase, BEATSON, «The Nature of Waiver of Tort», en ID., *The Use and Abuse of Unjust Enrichment*, Oxford, 1991, p. 232; EDELMAN, *op. cit.*, p. 81. En sentido fuertemente crítico, cfr. ROTHERHAM, *op. cit.*, pp. 191 y ss., el cual, partiendo del presupuesto que el pago de esta indemnidad de uso privado, por ende, el sujeto responsable de un beneficio, considere

En tal sentido, una específica indicación normativa puede, por ejemplo, retomar la regulación de algunas acciones especiales de enriquecimiento del locatario en mora en la restitución de la cosa al locador.

En el mismo sentido, y no obstante la infeliz formalización conceptual que les caracteriza, se invoca el art. 158 de la ley sobre el derecho de autor y el art. 125 del t.u sobre la propiedad industrial, así como han sido reformulados por los decretos legislativos n° 140/2006[33]. Y en el mismo sentido debe ser considerada también la conocida jurisprudencia según la cual quien disfruta abusivamente del nombre o la imagen ajena está obligado a corresponder el conocido precio de consentimiento[34]: por cuando es impropio, este último concepto correspondiente, en efecto, a la suma de dinero que el titular habría podido pretender cuando hubiese permitido este disfrute y es reconducible, por consiguiente, al principio de enriquecimiento sin causa[35].

Más allá de las acciones de enriquecimiento sin causa que han sido reguladas por el legislador, más aún, la regla general que es deducible del art. 2041, inciso 2° del c.c., según la cual, cuando sea imposible la restitución en forma específica, el sujeto responsable está obligado a pagar una suma de dinero equivalente a su enriquecimiento, es generalmente sometida a una limitación. Si el sujeto responsable es de buena fe, el ordenamiento jurídico le permite, en efecto, percibir que anteriormente al requerimiento del sujeto tutelado su enriquecimiento ponderarlo, incluso por una causa a éste imputable[36]:

---

que, en caso en que no haya actuado culposamente (*blameless*) y falte una correspondiente pérdida del sujeto tutelado, no sea evidente que éste último deba ser preferido por el ordenamiento jurídico, resultando, por consiguiente, más justo que el enriquecimiento sea lucrado por quien lo ha producido.

33 Se remite a Sirena, «La restituzione del profitto ingiustificato», cit., pp. 305 y ss.

34 A este propósito, véase la amplia monografía de Resta, *Autonomia privata e diritti della personalità*, Nápoles, 2005.

35 Se remite a Sirena, «Los fruttamento commerciale abusivo dell'immagine altrui», en *Annali LUMSA 2001*, a cargo de G. Giacobbe, Turín, 2002, pp. 307 y ss.

36 Se remite a Sirena, «L'arricchimento senza causa», en *Manuale di diritto civile e commerciale*, al cuidado de Angelici, Lipari y P. Rescigno (publicación en curso).

En este caso, está obligado a restituir sólo el enriquecimiento, eventualmente, residual[37].

Cuando se trata del valor de uso de una cosa, en particular, la existencia de un enriquecimiento residual es constituido por un eventual ahorro concreto de gastos: el sujeto responsable en buena fe, si resulta que éste habría sostenido los gastos en cuestión, entonces, no está obligado a la restitución.

Asimismo, un trato de mayor favor ha sido reservado por el ordenamiento jurídico italiano al poseedor en buena fe, el cual, como se deduce del art. 1148 del c.c., ha exonerado la restitución del valor de uso de la cosa ajena. Se trata de una verdadera derogación a la disciplina de la acción general de enriquecimiento sin causa[38].

Esta solución, que se remota al derecho común, no ha sido unívocamente acogida en los ordenamientos jurídicos europeos. Esta es evidente así en el § 330 del ABGB austriaco y en el art. 549 del Code Civil francés (así modificado por L. n° 60-464 del 17 de mayo de 1960)[39], pero ha sido refutada por el Código Civil alemán.

En efecto, el § 993 del *BGB*, reflejando la solución consignada por la Glosa y difundida en la doctrina hacia finales del siglo XIX[40], establece

---

37 Así, Bianca, *op. cit.*, p. 814. En el sentido que el texto es interpretado por la jurisprudencia alemana el § 818, *Abs.* 3, *BGB* (véase, por todos, Reuter, Martinek, *Ungerechtfertigte Bereicherung*, Tubinga, 1983, p. 519).

38 Trimarchi, *L'arricchimento senza causa*, cit., p. 56, nota 12. Sobre el *ratio* de la norma, véase Sacco, *L'arricchimento ottenuto mediante fatto ingiusto*, cit., p. 24, nota 4; Trimarchi, *op. ult. cit.*, p. 75.

39 Es esta última disposición la que constituido el modelo de referencia antes del art. 703 del c.c. vigente antes y luego del art. 1148 del c.c.

40 En tal sentido, fue decisiva la influencia de un ensayo del Windscheid, *Zwei Fragen aus der Lehre von der Verpflichtungen wegen ungerechtfertigter Bereicherung*, Leipzig, 1878, reimpreso en Id., *Gesammelte Reden und Abhandlungen*, hrsg. von Oertmann, Leipzig, 1904, pp. 301 y ss. Nació una fuerte polémica doctrinal con Von Jhering (el cual replicó con su trabajo: *Ist der ehemalige gutgläubige Besitzer einer fremden Sache verpflichtet, nach deren Untergang dem Eigenthümer derselben den gelösten Preis herauszugeben? Ein Beitrag zur Lehre von den Grenzen des Eigenthumsschutzes*, en *Jherings Jahrb.*, 1878, pp. 230 y ss.). Según la tesis de Von Jhering, que había sido hasta el momento seguida por la doctrina alemana, la distribución o consumación de la cosa habría sometido al poseedor de buena fe a la *condictio sine causa* en el caso del poseedor fuera *untituliert*, es decir, sin título (véase, Von

que el poseedor de buena fe está obligado a restituir al propietario «los frutos que, según las reglas de una economía ordenada, pueden considerarse como producto de la cosa», es decir, como enriquecimiento sin causa constituido por el valor objetivo del disfrute[41]. Una solución análoga se considera en el Derecho inglés, en el cual la hipótesis considerada, no opera como regla, la acción delictual derivada de la *conversión*[42], más bien el poseedor es tendencialmente sometido a la acción cuasi-contractual denominada *quantum valebat*, con la cual el propietario puede pretender una suma de dinero correspondiente al valor de uso de la cosa.

3. El concurso de la acción general de enriquecimiento sin causa con la de resarcimiento del daño

Si se quiere sostener que la acción de enriquecimiento sin causa permita añadir resultados prácticamente equivalente a los del resarcimiento de los *restitutionary damages* en el Derecho inglés, más aún, se debe superar un obstáculo normativo quizás insidioso, el cual constituye la razón a causa de la cual el remedio que se trata es quizás reducido en el Derecho italiano a una pura y simple declamación del Código Civil, pero está privado de una incisiva realidad aplicativa: este obstáculo normativo está constituido por el art. 2042 del c.c., el cual establece que «la acción de enriquecimiento no se puede proponer

---

JHERING, «In wie weit muß der, welcher eine Sache zu leisten hat, den mit ihr gemachten Gewinn herausgeben», en ID., *Abhandlungen aus dem Römischen Recht*, Leipzig, 1844, p. 81); una opinión más radical excluía también en este caso que el poseedor de buena fe sea obligado a la restitución del enriquecimiento sin causa (véase, WITTE, *Die Bereicherungsklagen des römischen Rechts*, Halle, 1859, pp. 328 y s.).

41 Posteriormente a la demanda judicial el poseedor de buena fe está obligado a la restitución de todos los frutos percibidos y percibibles (§ 987 *BGB*); si más bien éste había adquirido la posesión a título gratuito, responde dentro de los límites del efectivo enriquecimiento actual (§ 988 *BGB*). En caso de culpa, el poseedor de buena fe está obligado a resarcir el daño ocasionado al propietario luego de la demanda judicial (§ 989 *BGB*).

42 El poseedor de la cosa ajena, incluso de mala fe, no determina de por sí la *conversión*. Esta última, actúa solamente cuando el poseedor en mala fe haya sustraído el bien al propietario (*conversion by taking*) o se niega a restituirla a pedido del sujeto legitimado (*conversion by keeping upon demand*). En general, véase FERRERI, sobre «Conversion», en *Dig. discipl. priv., Sez. Civ.*, IV, Turín, 1989, pp. 374 y ss.

cuando el dañado puede ejercitar otra acción para hacerse indemnizar el perjuicio sufrido»[43].

Se trata del conocido principio de subsidiaridad de la acción general de enriquecimiento sin causa, el cual es entendido en el sentido que deba rigurosamente excluir la admisibilidad del remedio toda vez que el sujeto tutelado pueda utilizar otro distinto[44]. Para los fines del tema que se trata, esto significa que, según cuanto sostiene la doctrina más autorizada[45], la acción general de enriquecimiento sin causa no puede jamás ser ejercida cuando haya sido cometido un acto ilícito, precisamente, porque el dañado puede ejercitar otra acción, la de resarcimiento del daño, según lo prescribe el art. 2042 del c.c., excluye la admisibilidad resarcitoria.

Esta solución es aún anacronista, porque cambia desde el presupuesto que el art. 2042 del c.c. tiene la finalidad de evitar que la acción general de enriquecimiento sin causa subvierta la conciliación de intereses regulados por los casos: pero esta exigencia es considerada sustancialmente incomprensible a consecuencia de la realizada positivización de este instituto, el cual no puede ser ciertamente concebido como un remedio *extra ordinem* que corrija exteriormente el derecho vigente, tanto más que su fundamento axiológico es reconducible a la justicia conmutativa, no ya así a la distributiva.

En realidad, la razón sustancial del art. 2042 del c.c. es constituida por la exigencia de evitar que, en el caso en cual hayan integrado los presupuestos tanto de la acción prevista por el art. 2041 del c.c., como de otros remedios restitutorios o resarcitorios, el sujeto empobrecido obtenga más veces, a título diferente, la reparación del mismo daño, obteniendo, así paradójicamente un injustificado enriquecimiento a

---

43 En general, véase, recientemente, Moscati, «L'azione di arricchimento nelle codificazioni moderne», en *Scritti in onore di Vincenzo Buonocore*, IV, *Diritto civile*, Milán, 2005, p. 4761; Id., «Questioni vecchie e nuove in tema di ingiustificato arricchimento e pagamento dell'indebito», en *Riv. dir. civ.*, 2007, I, pp. 494 y ss.

44 Ha sido decisivo al respecto la contribución doctrinal de Trabucchi, A., sobre «Arricchimento b) Diritto civile», en *Enc. dir.*, III, Milán, 1958, p. 74.

45 Bianca, *op. cit.*, p. 821, nota 42; Di Majo, *op. cit.*, p. 332; Gazzoni, *Manuale di diritto privato*[13], Nápoles, 2007, p. 708; Schlesinger, voz «Arricchimento (Azione di)», en *Noviss. Dig. it.*, I, 2, Turín, 1958, p. 1006; Trimarchi, *op. cit.*, p. 41.

su vez. En el momento que el poseedor legítimo, por ejemplo, obtenga el reembolso de los gastos por la producción y por la recolección de los frutos, según el art. 1149 del c.c., éste no puede posteriormente tomarlo mediante la acción general de enriquecimiento sin causa.

Entonces, el art. 2042 del c.c. debe ser sometido a una reducción teleológica e interpretado en el sentido que la acción general de enriquecimiento sin causa es obstaculizada solamente si y en cuanto el sujeto empobrecido haya obtenido la reparación del daño sufrido mediante el ejercicio de otro remedio. En otros términos, el ordenamiento jurídico prohíbe en sí el concurso de la acción de enriquecimiento sin causa con otros remedios (restitutorios o resarcitorios), pero solamente en cuanto éste sea acumulativo. Sin embargo, no hay razón para negar que el sujeto tutelado pueda escoger ejercitar la acción de enriquecimiento sin causa no sólo en alternativa de otro remedio igualmente expectante (concurso alternativo)[46], pero también complementariamente al ejercicio de este último en el caso en el cual la reparación del perjuicio patrimonial sufrido no haya sido integral (concurso integrador)[47].

Contrariamente a la opinión concurrente, que es seguida por la jurisprudencia, es particularmente admisible el concurso (alternativo o integrador, pero no acumulativo) de la acción general de enriquecimiento sin causa con el resarcimiento del daño; en el caso en el cual éste último pueda ser probado solamente en medida inferior al valor objetivo de la utilidad del cual el sujeto responsable se ha apropiado sin causa, por ejemplo, el sujeto tutelado podrá pretender la restitución de la diferencia en base a la acción general de enriquecimiento sin causa integrando así el remedio resarcitorio ya esperado. En tal sentido, una indicación sistemática puede reinterpretarse en los art. 935, inc.1°, art. 936, inc. 3°, art. 937, inc. 3°, art. 939, inc. 3° del c.c., según el cual

[46] No obstante, cfr. Castronovo, *op. cit.*, pp. 650 y s., el cual sostiene que en un hipotético concurso alternativo de las dos acciones estaría en contraste con el art. 2042 del c.c.

[47] Se remite a Sirena, «Note critiche sulla sussidiarietà dell'azione generale di arricchimento senza causa», en *Riv. trim. dir. proc. civ.*, 2005, pp. 105 y ss. (también para oportunas referencias doctrinales y jurisprudenciales). En el sentido del texto, véase, Castronovo, *op. cit.*, p. 652, el cual califica como acumulativo el concurso de las acciones indicadas.

el adquiriente a título originario de la propiedad a consecuencia de accesión o unión o comisión obliga al sujeto responsable no solamente a restituir el valor objetivo de los materiales empleados[48] conforme a

[48] Se debe, asimismo, notar que las normas jurídicas de las cuales se trata, conforme a los arts. 565 y ss. del *Code civil* francés (así como los modificados por la L. n. 60-464 del 17 de mayo de 1960), no atribuyen relevancia al estado subjetivo del sujeto responsable, el cual está, por ende, obligado a restituir una suma equivalente al valor objetivo de los materiales empleados también, aún cuando haya sido de buena fe: parece así determinarse una radical antinomia no sólo respecto a los arts. 2038, inciso 1°, y 535, inciso 2° del c.c., los cuales exoneran incluso el *accipiens* de buena fe del riesgo derivado de la alienación de la cosa del otro pero también respecto a la regla general según la cual quien se ha injustificadamente enriquecido de buena fe está obligado a restituir exclusivamente el eventual enriquecimiento residual al momento de la demanda (v. *supra*, n. 2). Ha sido sostenido que la diversidad de las dos soluciones ha sido fundada en la correlación del riesgo con el beneficio: a diferencia de la hipótesis regulada por los arts. 2038 y 535 del c.c., en el cual el beneficio está atribuido a otro sujeto (el *solvens* o, respectivamente, el heredero), en las hipótesis reguladas por las disposiciones en el texto mismo es atribuido al mismo sujeto responsable (el adquiriente de la propiedad a título originario), y por esta razón éste sería igualmente gravado del riesgo (véase, BELFIORE, «I beni e le forme giuridiche di appartenenza. A proposito di una recente indagine», en *Riv. crit. dir. priv.*, 1983, p. 905, nota 74). La segunda premisa de la argumentación es más aún contradicha por el art. 937, inciso 3° del c.c., el cual obliga al tercero que haya hecho plantaciones, construcciones u otras obras sobre el fondo ajeno a restituir al propietario el valor objetivo de los materiales empleados: en efecto, en este caso el tercero soporta el riesgo de la propia iniciativa antijurídica, pero no se apropia del eventual beneficio neto, ya que la propiedad de las adiciones es atribuida al propietario del suelo. Más convincentemente la razón sustancial de las disposiciones citadas en el mismo texto ha sido revisada en esto, que el autor de la adición, de la unión, de la combinación o de la especificación, cuando no hubiese tenido el material disponible de los materiales ajenos, se habría asimismo expuesto al riesgo de la operación económica, adquiriéndolos al precio del mercado; en los casos previstos por el art. 2038 y 535 del c.c., más bien el *accipiens* o el poseedor de bienes hereditarios en el momento que hubiese podido disponer de la cosa ajena, no hubiese probablemente adquirido para revenderla luego a un correspondiente ínfimo o, asimismo, para donarla (TRIMARCHI, *op. cit.*, pp. 133 y s.).
Esta última consideración se arriesga agotarse en una petición de principio, si bien no puede excluirse que ésta haya sido percibida por el derecho positivo. Parece, más que nada, decisivo sostener que las normas jurídicas a las cuales se refiere, antes aún por su respectiva razón sustancial, se diferencian porque regulan tipos diversos: se debe, entonces, principalmente excluir que estas determinen una antinomia, en cuanto es sistemáticamente inherente a los tipos diferentes, que están regulados por

la disciplina de la acción general de enriquecimiento sin causa pero también a resarcir el daño ocasionado a su propietario precedente[49].

el ordenamiento jurídico de manera diversa. Los arts. 935, inc. 1°, inc. 3°, 939 inc.2°, 940 del c.c., en particular, regulan desde el punto de vista que nos interesa las obligaciones nacidas de la ineficacia originaria o sobrevenida del contrato de adquisición de la materia prima, del riesgo de la operación económica antijurídica por parte del sujeto enriquecido de buena fe se justifica, entonces, en cuantos éste tiene derecho a la restitución del precio correspondiente por parte del vendedor. Más bien, en el caso en el cual la materia prima haya sido adquirida a título gratuito, no hay razón para excluir la aplicabilidad de la regla general según la cual quien se ha injustificadamente arriesgado de buena fe está obligado a restituir exclusivamente el eventual enriquecimiento residuo: en este caso, el sujeto responsable será, por tanto, obligado a la correspondencia en la menor suma entre el valor del mercado de la materia prima y el aumento de valor del propio patrimonio (véase, Sirena, *La gestione di affari altrui*, cit., pp. 140 y s.). Esta última, regla parecería más aún extraña a la regulación de la especificación, en cuanto el art. 940 del c.c. prevé que, cuando la propiedad de la cosa nueva espere al propietario de la materia prima, este último, actuando de buena fe, debe corresponder sin duda el valor de la mano de obra empleada (A. Tabet, sobre «Specificazione (diritto vigente)», en *Noviss. Dig. it.*, XVII, Turín, 1970, p. 1090); incluso, la disposición constituye el resultado de un grave defecto de coordinación en los trabajos preparatorios del Código Civil (véase, Belfiore, *I beni e le forme giuridiche di appartenenza*, cit., p. 907, nota 77; Paradiso, *op. cit.*, pp. 238 y s., nota 225) y debe ser, por tanto, correcta vía de interpretación sistémica (véase, Sirena, *La gestione di affari altrui*, cit., p. 142, nota 112). Por similares razones, el art. 937, inciso 3° del c.c. debe ser entendido en el sentido que el propietario del suelo de buena fe sea obligado a responder al que era el propietario de los materiales, quien ha empleado la menor suma entre el valor de estos últimos y el precio residual (véase, Sirena, *op. ult. cit.*, p. 142, nota 113).

49 El resarcimiento del daño ocasionado al precedente propietario del bien convertido por el objeto no es expresamente previsto por la normativa específica que refiere el art. 940 del c.c. (Tabet, *op. cit.*, p. 1090); más aún, no parece que subsistan razones convincentes para excluirlo (Busnelli, *La lesione del credito da parte di terzi*, Milán, 1964, p. 230; Id., «Buona fede in senso soggettivo e responsabilità per fatto «ingiusto»», en *Riv. dir. civ.*, 1969, I, pp. 449 y ss.; Buccisano, voz «Specificazione (diritto privato)» ·, en *Enc. dir.*, XLIII, Milán, 1990, p. 277; en sentido contrario, cfr. Belfiore, *I beni e le forme giuridiche di appartenenza*, cit., p. 908, nota 77). En general, se ha sostenido que, en el ámbito de los fenómenos considerados, la responsabilidad resarcitoria del sujeto actuante y (eventualmente del propietario del fondo) no conduce a la violación del poder dispositivo del precedente propietario de los materiales empleados, sino al uso ilegítimo de estos (lesión de disfrute) (Nicolussi, *op. cit.*, pp. 295 y ss.); se trataría, entonces, de un remedio complementario al restitutorio, fundado más bien en la lesión del derecho bajo el perfil de la titularidad (Id., *op. cit.*, p. 302). Para una dife-

Una ulterior indicación sistemática, en tal sentido, puede reflejarse en el art. 1591 del c.c., el cual obliga al conductor en mora en la restitución de la cosa a dar al locador el respectivo contenido hasta la devolución[50], quedando la obligación de resarcir el mayor daño[51].

Regresando al Derecho inglés, se podrá constatar que, respecto a lo expresado sobre los *restitutionary damages*, la doctrina del *waiver of tort* tradicionalmente ha permitido sostener que el autor de un acto ilícito, más que al resarcimiento del daño, está obligado a la restitución del enriquecimiento que ha lucrado[52]: premisa que los dos remedios no pueden ser acumulados, espera al sujeto tutelado decidir cuál de estos ejercitar[53].

---

rente postura conceptual cfr. BARCELLONA, P., *op. cit.*, pp. 96 y ss., por el cual el resarcimiento del daño previsto por el art. 936, inciso 3° del c.c. excluiría la restitución de los frutos: en caso contrario, se afirma, la norma en cuestión sería vaciada de contenido ya que el sujeto agente, a consecuencia de la restitución de los frutos, tendría derecho, según lo dispuesto por art. 1149 del c.c., en el reembolso de los costos realizados, es comprendido el «precio respectivo para la modificación del destino » (es decir, precisamente, el daño resarcido y los costos por la reducción original). Más aún, esta opinión no puede considerarse como un costo de producción de los frutos, ya que está constituido no por el simple cambio de destino de la cosa madre, sino de su deterioro (disminución de valor capital) (SIRENA, *La gestione di affari altrui*, cit., p. 136, nota 93).

50 Ha sido precisado por la jurisprudencia que se ha adeudado «también los aumentos establecidos por las normativas sobrevenidas (como las previstas por la ley 27 de julio del 1978 n. 392, *ratione temporis* aplicable), siendo la indemnización siempre igualable a la medida convencional o legal del canon para el tiempo en cual ha sido prorrogada la ocupación de hecho, sin que a la demanda de los denominados aumentos, pueda ser reconducida -a falta de prueba en contrario- la voluntad del locador de reactivar la relación locataria» (Casación del 20 de abril del 2007, n. 9488). Son igualmente reinterpretables los costos condominiales accesoriales, que hayan sido convencionalmente puestos a cargo del locatario (Casación del 4 de diciembre del 2002, n. 17201).

51 La norma es expresamente derogada por el art. 6, inc. 6°, de la ley del 9 de diciembre del 1998, n. 431 (el cual ha sido declarado parcialmente ilegítimo por la Corte Const., del 9 de noviembre del 2000, n. 242).

52 Lamine v. Dorrell (1705) 2 Ld. Raym. 1216. para las oportunas referencias doctrinales y jurisprudenciales, véase, GALLO, P., «Waiver of tort», en *Dig. discipl. priv., Sez. Civ.*, XIX, Turín, 1999, pp. 747 y ss.

53 La solución fue elaborada por Lord MANSFIELDEN en el célebre precedente Hambly v. Trott (1776) 1 Cowp. 371. Esta ha sido tomada y favorecida por la jurisprudencia sucesiva: la *House of Lords*, en particular, ha sostenido

Una regla análoga es conocida y afirmada en el derecho jurisprudencial alemán el cual, al menos a partir de la conocida *Flugreiseentscheidung* pronunciada por el BGH en el 1971[54], admite, precisamente, que el dañado pueda escoger si ejercita las relaciones de quien ha dañado la acción del resarcimiento del daño o subsistiendo los presupuestos, la restitución del enriquecimiento sin causa[55].

Entonces, si se tiene en cuenta el hecho que la subsidiariedad de la acción general de enriquecimiento sin causa es así proclamada en el ordenamiento italiano, pero se está progresivamente disminuyendo[56], se puede arribar a la conclusión según la cual la regla del concurso (alternativo o integrado) de tal acción con la de resarcimiento del daño es parte del derecho común europeo, entendido como un núcleo de principios generales que es ya compartido por los Estados-miembros de la Comunidad, independientemente de la actividad legislativa de ésta última[57].

---

que el ejercicio de la *action for money had and received* en las relaciones de los que hayan establecido una indicación, pero no por el intestatario, lo que no excluye a este último de ejercitar sucesivamente la *action in tort* en las relaciones de la banca responsable (United Australia Ltd. v. Barclays Bank Ltd. [1941] A.C. 1) (véase, al respecto, Clerk&Lindsell, *On Torts*[9], Londres, 2006, pp. 1951 y ss.).

54 *BGHZ* 55, 128. En el caso presente, el pasajero menor de edad de un vuelo desde Mónaco de Baviera a Hamburgo se había clandestinamente embarcado en un vuelo posterior desde Hamburgo a New York; considerando que era incapaz de entender (§ 828, *Abs.* 2, *BGB*), éste había sido condenado a pagar el precio del relativo billete a título de reducción del enriquecimiento sin causa (§§ 819, *Abs.* 1, 818, *Abs.* 4, 292 *BGB*). Ya que la policía del aeropuerto de New York se había negado a hacerlo ingresar en el territorio de los Estados Unidos y la compañía aérea había, por tanto, procurado a repatriarlo mediante un vuelo hacia Hamburgo el mismo día, este ha sido asimismo condenado a pagar este billete, pero esta vez bajo título de reembolso de los gastos realizados por la gestión de un hecho retomado de otro (§ 683 *BGB*).

55 Para las oportunas referencias, v. Larenz / Canaris, *op. cit.*, p. 319.

56 Para una indagación comparatista, que se ocupa también del Derecho anglosajón, véase Smith, *Property, subsidiarity and unjust enrichment*, in *Unjustified Enrichment. Key Issues in Comparative Perspective*, ed. by Johnston and Zimmermann, Cambridge, 2002, pp. 588 y ss.

57 Que se pueda legítimamente invocar un Derecho europeo del enriquecimiento sin causa es probado, entre otras cosas, por dos monumentales volúmenes de Schlechtriem, *Restitution und Bereicherungsausgleich in Europa*, Tübingen, 2000-2001. Para un sintético marco de temas, véase Schechtriem / Coen / Hornung, «Restitution and Unjust Enrichment in Europe», en *ERPL*, 2001,

Precisamente, porque el resarcimiento del daño, así como está regulado por el derecho positivo, desarrolla una función intrínsecamente compensatoria, esto no está en capacidad de penetrar ni «el ángulo muerto de los ilícitos que no producen pauperización patrimonial»[58].

Entonces, el principio de eficacia de la responsabilidad civil presenta la exigencia que esto sea flanqueado por remedios ulteriores, caracterizados por elevadas potencialidades desincentivadoras. Esto más precisamente puede ser definido como ultracompensativos, porque prescinden del daño emergente y del lucro cesante que se han concretamente producido en la esfera jurídica del sujeto tutelado: en cualquier caso, este último puede pretender que el sujeto responsable le transfiera las utilidades del cual se ha aventajado sin título, en forma específica o bien, cuando esto no sea posible, por equivalente.

4. La restitución de los beneficios

La acción general de enriquecimiento sin causa, desarrollando un rol imprescindible a este propósito, no es aún suficiente para asegurar la eficiencia de la responsabilidad civil, porque está obliga así a restituir la unidad injustificadamente lucrada por el sujeto responsable (o su objetivo valor de mercado), pero deja que el beneficio permanezca en el patrimonio del que ha cometido el acto ilícito[59].

---

pp. 377 y ss.; ZIMMERMANN, «Bereicherungsrecht in Europa: Eine Einführung», en *Grundstrukturen eines Europäischen Bereicherungsrechts*, hrsg. von Zimmermann, Tubinga, 2005, pp. 17 y ss.

58 SACCO, *op. cit.*, p. 11.

59 Desde el punto de vista conceptual, la doctrina inglesa más autorizada ha sostenido que los remedios restitutorios esperables en base al ilícito no serían reconducibles al principio general del enriquecimiento sin causa, o, asimismo, extinguiría la restitución, porque prescindiría del presupuesto que el enriquecimiento del sujeto responsable lo haya obtenido a costas del sujeto tutelado: éste constituiría una categoría autosuficiente, como es sostenida también la del *unjust enrichment*, pero tributaria del ilícito y denominada, por ello, *wrongful enrichment* (véase, sobre todo, BIRKS, «Unjust Enrichment and Wrongful Enrichment», en *Texas L. R.*, 2000-2001, pp. 1767 y ss.; ID., *The Foundations of Unjust Enrichment: Six Centennial Lectures*, Wellington, 2002, pp. 25 y ss.). Para un marco de conjunto de las diversas posiciones al respecto, véase, WADDAMS, «Profits derived from wrongs», en ID., *Dimensions of Private Law. Categories and Concepts in Anglo-American Legal Reasoning*, Cambridge, 2003, pp. 107 y ss.

En efecto, el art. 2041, inciso 1° del c.c. prevé claramente que el enriquecimiento del sujeto responsable deba ser restituido en los límites de la «*correlativa disminución patrimonial*» del sujeto tutelado. A tenor de esta norma, por tanto, el sujeto que sin causa obtiene utilidad ajena un enriquecimiento muy superior a su valor está obligado a restituir exclusivamente este valor, permaneciendo más bien la diferencia presentada (es decir, el beneficio neto). El plus-valor lucrado por el sujeto responsable en virtud de sus capacidades profesionales, conocimiento, etc. (lo que los juristas medievales denominados el *commodum ex negotiatione*) no reingresa, entonces, en el objeto de la acción general del enriquecimiento sin causa[60].

En otros términos, el ejercicio de la acción general de enriquecimiento sin causa restablece en la situación de facto la misma atribución de la utilidad prevista por el derecho del sujeto tutelado (*Rechtsfortwirkung*)[61], configurándose así, según la resaltante indicación de Von Savigny, como una suerte de sucedáneo de la acción de reivindicación (*Vindikationsersatz*)[62].

---

60 Sacco, *op. cit.*, p. 3, pp. 129 y ss.; Trimarchi, *L'arricchimento senza causa*, cit., p. 53. El tema no es del todo pacífico, ya que tiende a acreditarse la opinión según la cual el perfil lucrativo de quien es enriquecido sin causa debería ser restituido, según el art. 2041 del c.c. (véase, Albanese, *Ingiustizia del profitto e arricchimento senza causa*, Padua, 2005, pp. 354 y ss.); esta última tesis es sostenida principalmente con específica referencia al disfrute abusivo de la propiedad intelectual o industrial ajena (véase, Castronovo, *op. cit.*, pp. 637 y s.; Nicolussi, «Proprietà intellettuale e arricchimento ingiustificato: la restituzione dei profitti nell'art. 45 TRIPs», en *Europa e dir. priv.*, 2002, pp. 1003 y ss., espec. p. 1030; Plaia, «La violazione della proprietà intellettuale tra risarcimento e restituzione», en *Riv. dir. comm.*, 2003, I, p. 1035, así como (pero en un sentido menos conciso) Id., *Proprietà intellettuale e risarcimento del danno*, cit., p. 172 y asimismo p. 32). Una similar controversia dogmática se produce en la experiencia alemana, en la cual puede igualmente considerarse la tesis según la cual la obligación de restituir el subrogado (*Ersatz*), de lo que ha sido obtenido sin causa, lo que es previsto por el § 818, *Abs.* 1, *BGB*, no comprende el *commodum ex negotiatione* (también para oportunas referencias, véase, de manera especial, Larenz / Canaris, *op. cit.*, pp. 266 y s.).

61 Wilburg, *Die Lehre von der ungerechtfertigten Bereicherung*, Graz, 1934, p. 35.

62 Retomando lo expuesto en Sirena, *La restituzione del profitto ingiustificato*, cit., p. 315.

Más bien, el beneficio, no puede ser considerado como el subrogado de un bien, ya que, también cuando sea obtenido por su disfrute, depende esencialmente de la iniciativa, en hipótesis antijurídica, del sujeto agente[63].

Con el fin de sostener que el autor del ilícito sea obligado a la restitución del beneficio neto que ha lucrado mediante su realización, por ende, suele activar un remedio ulterior y diferente del previsto por el art. 2041 del c.c.

Este remedio puede ser obtenido por la disciplina de la gestión de las relaciones que es dictada por los arts. 2028 y ss. del c.c., al menos si se ha dispuesto a aceptar una radical revisión conceptual de tal instituto[64]. Éste último, en efecto, contrariamente al común entendimiento, no formaliza del todo un esquema típico de comportamiento de la vida en relación, pero identifica los remedios en base a los cuales quien se entrometa en la esfera jurídica ajena, no importando si en el interés, precisamente, o bien en el interés del otro, está obligado a restituir el beneficio neto que ha lucrado: se concluye que la disciplina prevista por el art. 2028 y ss. del c.c. se aplica a cualquiera que se entrometa en la esfera jurídica del otro, no importando si egoístamente (*rectius*, en el propio interés) o altruistamente (*rectius*, en el interés ajeno)[65].

La disciplina continental de la gestión de negocios muestra que la injerencia de un sujeto en la esfera jurídica ajena lo hace mandatario *ex lege*, exactamente en el mismo sentido del cual se ha discutido a propósito del remedio de *account of profit*[66]: en efecto se crea

---

63 Se remite a SIRENA, *La gestione di affari altrui*, cit., pp. 115 y ss.

64 La aparente calma teórico-práctica de la gestión de relaciones, principalmente en los ordenamientos jurídicos italiano y francés, esconden, de un lado, una ingente masa de problemas dogmáticos, que profundizan las propias raíces en la tradición romanista (véase, recientemente HARKE, *Geschäftsführung und Bereicherung*, Berlín, 2007); de otro lado, el problema de la futura sobrevivencia del instituto en los proyectos de codificación del derecho privado europeo (véase, JANSEN, «Negotiorum gestio und Benevolent Intervention in Another's Affairs: Principles of European Law?», en *ZeuP*, 2007, pp. 958 y ss., el cual busca desarrollar un permiso (*Abschied*) por la *negotiorum gestio*).

65 SIRENA, *La gestione di affari altrui*, cit., pp. 3 y ss., 65 y ss. La tesis es acogida por GUGLIELMETTI, «La gestione di affari altrui e la riversione degli utili», en *A.I.D.A.*, 2000, pp. 186 y ss. y, más bien, motivadamente criticada por CARUSI, «Le obbligazioni nascenti dalla legge», en *Tratt. dir. civ. del C.N.N.*, dirigido por P. PERLINGIERI, Nápoles, 2004, pp. 144 y ss. (no es posible aún replicar en esta sede estas argumentaciones).

66 Véase, *supra*, n. 1.

en las relaciones del sujeto administrado una obligación de protección sin prestación primaria que corresponda perfectamente a los deberes equitativos de reserva y de confianza que en el Derecho inglés permiten pretender por el sujeto responsable de rendir cuentas y la reversión de los beneficios que ha obtenido. Precisamente, porque esta obligación es un efecto jurídico de la gestión de los negocios, se debe sostener que ésta se constituye en el caso en el cual el acto ilícito se estructure, precisamente, como una injerencia en la esfera jurídica de quien lo ha sufrido, según el modelo normativo del instituto del cual se trata[67].

Así, por ejemplo, si se toma en consideración el ilícito anticompetencial, se debe sostener que éste obliga a quien lo ha cometido a la restitución del beneficio neto cuando consista en la apropiación de una específica utilidad de la cual el sujeto pasivo anteriormente debe disfrutar y del cual, en línea de principio, habría podido disponer en las relaciones con terceros (piénsese, por ejemplo, en los actos de confusión, en la apropiación de valor de los productos o de la empresa ajena, en el abuso de los secretos industriales y comerciales); se debe sostener, más bien, que esta obligación no subsista cuando el acto de competencia desleal se limite a incidir genéricamente sobre las probabilidades de ganancia ajena (piénsese, por ejemplo, en el boicot económico o en la publicidad engañosa)[68].

Entonces, por la disciplina de la gestión de negocios, se deduce que el autor de un acto ilícito (el cual se estructure como injerencia en la esfera jurídica ajena) está obligado a la restitución del beneficio neto sólo cuando haya cumplido de mala fe: según lo prescrito por el art. 2028, inc. 1° del c.c., en efecto, los efectos jurídicos del instituto se producen en el caso en el cual la injerencia en la esfera jurídica haya sido realizada «a sabiendas», es decir, por cuanto nos interesa, en mala fe. Esta regla encuentra significativos aspectos comparativos y se acredita, entonces, como pertenece al derecho común europeo[69].

---

67 Para el Derecho alemán, véase, al respecto, Wenckstern, «Die Geschäftsanmaßung als Delikt», en *AcP*, 2000, pp. 240 y ss.

68 Sirena, *La restituzione del profitto ingiustificato*, cit., p. 322.

69 Una solución diferente parecería haber sido adoptada por el art. 6:104 del nuevo Código Civil holandés (*Nieuw Nederlands burgerlijk wetboek*), el cual instituye, principalmente, que sobre el requerimiento de la víctima del ilícito o del acreedor

Por cuanto se refiere al Derecho alemán, es particularmente significativa a este propósito la jurisprudencia relativa a la calificación del daño no patrimonial (*Geldentschädigung*) ocasionado mediante la violación del Derecho general de la personalidad[70]: una quizás célebre sentencia del *Bundesgerichtshof* ha afirmado, en efecto, el principio según la cual es propio, y solo, cuando tal violación haya sido cometida dolosamente, que los beneficios de quien daña puedan ser tomados en consideración a este fin[71], si bien la doctrina más autorizada ha criticado tal motivación, sosteniendo que en el caso habría podido ser resuelto según la disciplina del enriquecimiento sin causa (*ungerechtfertigte Bereicherung*)[72], debe sostenerse que, por cuanto nos interesa, la solución adoptada por el *Bundesgerichtshof* permanece igualmente firme: en general, en efecto, es pacífico en jurisprudencia y prevalentemente sostenido en doctrina que sólo quien se ha (injustificadamente) enriquecido de mala fe responde por los beneficios, precisamente en el caso en el cual sea imposible restituir en forma específica el propio enriquecimiento[73].

---

insatisfecho, el daño resarcible puede ser en todo o en parte determinado en base al beneficio obtenido por parte del sujeto responsable. Asimismo, la primera jurisprudencia parece subordinar la aplicación de la norma en la prueba que el actor haya sufrido una pérdida respectiva (véase, Linssen, «Remedies for Wrongdoing - The Measure for Recovery», en *ERPL*, 2006, pp. 358 y ss.).

70 Según la jurisprudencia del *Bundesgerichtshof*, el resarcimiento de este daño no patrimonial (*Geldentschädigung*) se distingue del daño moral subjetivo (*Schmerzensgeld*), según lo establecido por el § 847 del *BGB*, fundándose directamente en la exigencia de tutela que expresada en los arts. 1 y 2, *Abs.* 1, del *Grundgesetz* (para indicaciones al respecto, véase, Lange / Schiemann, *op. cit.*, pp. 449 y ss.; Ebert, *Pönale Elemente im deutschen Privatrecht*, Tübingen, 2004, pp. 446 y ss.).

71 BGH, 15 de noviembre de 1994 (caso denominado Caroline von Monaco I), *BGHZ*, 128, 1.

72 Canaris, «Gewinnabschöpfung bei Verletzung des allgemeinen Persönlichkeitsrechts», en *Festschrift für Erwin Deutsch*, hrsg. von Ahrens y otros, Köln, 1999, pp. 85 y ss.; Schlechtriem, «Some Thoughts on the Decision of the BGH concerning Princess Caroline of Monaco», en *Protecting Privacy*, ed. by Markesinis, Oxford, 1999, pp. 136 y ss.

73 En virtud del dispositivo combinado del § 819, *Abs.* 1, con el § 818, *Abs.* 4, del *BGB*, cualquiera que haya conseguido de mala fe sin causa responde «según las reglas generales» (así como según las estipulaciones que se deducen del § 818, *Abs.* 3, del *BGB*): se refiere, por ello, a una responsabilidad (restitutoria agravada - *verschärfte Haftung*). En cuanto nos interesa, se admite que es aplicable el § 285 (ya el § 281) *BGB*, el cual establece que, cuando la prestación haya devenido en imposible, el deudor es obligado a corresponder a lo que haya eventualmente conseguido producto de la prestación misma (*Ersatz*) o

Una indicación estrictamente análoga se toma en el Derecho inglés, deja sentada la más amplia expectativa del remedio de *account of profits* cuando haya sido violado un deber fiduciario[74]. Más allá de este último caso, en efecto, quien haya cometido un acto ilícito responde a sus propios beneficios sólo cuando sea obligado al resarcimiento del conocido *exemplary damages*, los cuáles se caracterizan por su finalidad punitiva[75]. La resarcibilidad de estos daños, donde no se trate de una hipótesis prevista por la ley escrita, ha sido más aún progresivamente limitada por la jurisprudencia inglesa y, si se prescinde de la hipótesis característica del abuso de poder por parte

a ceder la respectiva pretensión crediticia (*Ersatzanspruch*): según la jurisprudencia del *Bundesgerichtshof*, el eventual *commodum ex negotiatione* reingresa, precisamente, en el ámbito aplicativo de esta disposición y es, por tanto, debida por el sujeto que se haya injustificadamente enriquecido de mala fe. En el caso «Caroline von Monaco I» esta solución es dudosa, sobre todo porque la imposibilidad del enriquecimiento sin causa, dependiendo de la naturaleza misma de este último, no es sobrevenida, sino originaria: en tal sentido, la doctrina alemana ha generalmente excluido la aplicabilidad del pre vigente § 281 *BGB*, sosteniendo que es, más bien, exclusivamente aplicable a los pre vigentes §§ 306 y ss. del *BGB*. Lo cual es convincentemente revelado que estas últimas disposiciones, las que refieren solamente a la imposibilidad originaria de una prestación contractual debida, cuando se trata de la imposibilidad originaria de una prestación debida en base a una relación obligatoria *ex lege* es, principalmente, similar a la aplicable del pre vigente § 281 del *BGB* (véase, CANARIS, *Gewinnabschöpfung bei Verletzung des allgemeinen Persönlichkeitsrechts*, cit., p. 94). Ha sido, asimismo, precisado que la solución adoptada en el caso «Caroline von Monaco I» no puede valer en cualquier caso de violación de otro derecho de la personalidad, ya que en tanto el § 285 (ya § 281) del *BGB* obliga a la restitución de los beneficios, en cuanto estos últimos puedan ser considerados como subrogados (*Ersatz*) de esto que se debería ser prioritariamente restituido: esta relación de identidad ha sido, por ejemplo, sostenida insubsistente en otro célebre caso judicial (el denominado *Herrenreiterfall*), en cual la finalidad publicitaria perseguida por el autor del ilícito prescindiría del hecho que la fotografía abusivamente publicada retratase *aquella* persona, así como los beneficios lucrativos no constituían «el equivalente» por la violación del derecho general de la personalidad ajena (véase, CANARIS, *Gewinnabschöpfung bei Verletzung des allgemeinen Persönlichkeitsrechts*, cit., pp. 95 y s.).

[74] En la doctrina, véase, principalmente, EDELMAN, *op. cit.*, pp. 82 y ss.

[75] MCGREGOR, *On Damages*, cit., p. 365. Los primeros precedentes al respecto se sostienen a propósito del célebre caso de la publicación del *North Briton* di John Wilkes (Huckle v. Money (1763) 2 Wils.K.B. 205; Wilkes v. Wood (1763) Lofft 1).

del funcionario público[76], es quizás admitida por la *House of Lords* sólo cuando «el autor del ilícito haya violado con cínico descuido los derechos de quien lo ha sufrido, calculando que su beneficio habría sido probablemente superior al daño resarcible»[77].

Desde el punto de vista sistémico, se valora así un principio general del derecho privado europeo, en base al cual el autor de una iniciativa económica antijurídica está obligado a restituir el beneficio neto en el caso en el cual haya actuado de mala fe; en caso contrario, más bien, el ordenamiento jurídico le permite lucrar eventualmente un plus valor por el creado[78].

Por otra parte, se debe reconocer que este principio no es nada absoluto, ya que algunas específicas normas jurídicas obligan a la restitución de los beneficios también a los que hayan cometido el acto ilícito de buena fe. Las hipótesis más significativas a este propósito son las que se refieren al disfrute abusivo de la propiedad intelectual e industrial ajena, concluyo expresado que, según los arts. 535, inciso 2°, 1776 y 2038, inciso 1° del c.c., la alienación de un bien ajeno obliga, sin duda, a restituir el precio o el equivalente obtenido[79].

---

[76] «[...] *oppressive, arbitrary or unconstitutional action by servants of the government*».

[77] «*The defendant's conduct has been calculated by him to make a profit for himself which may well exceed the compensation payable to the plaintiff*»: Rookes v. Barnard and Others [1964] A.C. 1129. El intento de la *Court of Appeal* de poner en discusión esta orientación jurisprudencial restrictiva ha sido desarrollada por la *House of Lords* in Cassell&Co. Ltd. v. Broome [1972] A.C. 1027. En la doctrina, véase, al respecto Burrows, «Reforming Exemplary Damages: Expansion or Abolition?», en *Wrongs and Remedies in the Twenty-First Century*, ed. by Birks, cit., pp. 153 y ss.

[78] Respecto al Derecho italiano, véase, Trimarchi, «L'arricchimento derivante da atto illecito», en *Scritti in onore di Sacco*, II, Milán, 1994, pp. 1149 y ss. Como es conocido, el tema es aún más controvertido: según Sacco, *op. cit.*, pp. 116, 125, en nuestro ordenamiento jurídico italiano, se deduce principalmente del art. 2032 del c.c., la existencia de un principio general según el cual la restitución del beneficio neto realizado mediante una iniciativa antijurídica sería debido al titular del derecho lesionado independientemente de la buena o mala fe del sujeto activo.

[79] Se remite a Sirena, *La gestione di affari altrui*, cit., pp. 115 y ss.

LAS SECCIONES UNIDAS
Y LA PARÁBOLA DEL DAÑO EXISTENCIAL*

SALVATORE PATTI

* Traducción al idioma castellano, autorizada por el autor, de Francy Ramos Espino.

1. Los móviles límites del daño resarcible

La historia de la responsabilidad civil está caracterizada por la expansión progresiva de las hipótesis de daño, reconocidas como merecedoras de resarcimiento y, al mismo tiempo, de la exigencia de delimitar el ámbito del daño resarcible.

Solamente en tiempos relativamente recientes, por ejemplo, en muchos ordenamientos jurídicos ha sido admitida la relevancia de la muerte de una persona para los objetivos del resarcimiento del daño y, más en general, ha sido reconocido el derecho al resarcimiento por lesiones que no presentan carácter pecuniario.

Sin embargo, la «línea de delimitación» de las hipótesis de daño resarcible, en la visión de una tendencia favorable al resarcimiento del daño no patrimonial, no ha sido, sin embargo, trazada en ejecución de un plan coherente y unitario, sino a menudo en base en sugestiones y exigencias derivadas de un caso individual. Las incertidumbres de la jurisprudencia -y las soluciones a veces divergentes- no se han desprendido solamente de muchas valoraciones, en orden que valgan la pena de los intereses, pero de un cúmulo de vínculos históricos y preocupaciones de orden económico. En muchos casos, el rechazo del resarcimiento, basado formalmente en el carácter no patrimonial de la pérdida inmediata del actor, sobre todo en los ordenamientos del *common law,* ha sido justificado con base en razones de *policy,* requerida con el objeto de impedir una carga social. De muchas decisiones, surge ciertamente una especial conciencia del hecho que, a pesar del costo del resarcimiento principal sobre el responsable inicial o sobre su asegurador, se determina, en todo caso, como consecuencias, por ejemplo, del aumento de la prima del seguro y del peligro que, por este motivo, muchas personas prefieren no estipular el respectivo contrato o, más en general, un aumento de la belicosidad. En sentido crítico, también se hace referencia a la inadecuación del resarcimiento del daño, respecto al tipo de lesión, y en todo caso a la dificultad de determinar la suma del daño a indemnizar.

Las dificultades brevemente recordadas han acompañado la evolución de muchos ordenamientos jurídicos. Las dudas relativas a la resarcibilidad del daño no patrimonial como consecuencia del homicidio de un pariente o de otras figuras de perjuicio atinentes a la «normal» existencia de la persona, han limitado a las Cortes de muchos países, pero la experiencia italiana se caracteriza, sobre todo en el contexto europeo, por diversos motivos.

Lo más relevante está representado ciertamente por el peculiar «sistema» constituido por los art. 2043 y 2059 del c.c., con los conocidos límites previstos en el segundo, por cuánto atañe al daño no patrimonial, y de los intentos de superarlos, en los diversos momentos históricos, reconduciendo algunos supuestos de daños al ámbito del supuesto del art. 2043 o bien forzando los tradicionales limites del art. 2059 del c.c.

Digna de mención es, además, la gran atención dedicada por parte de la doctrina italiana a todos los supuestos de daño que conciernen a la persona humana y su bienestar. Diversas escuelas -basta recordar a las de Génova, Pisa y Trieste - han prodigado un empeño extraordinario bajo el perfil del ahondamiento teórico acompañado por una no frecuente capacidad de influenciar en los pronunciamientos jurisprudenciales. Innumerables decisiones de los jueces de la instancia mérito, importantes sentencias de la Corte de Casación y la Corte Constitucional han acompañado el camino del daño no patrimonial, con el resultado -ante todo- de destacar de ello múltiples aspectos y consecuencias, no tan sólo la consecuente «creación» de figuras que a veces no encuentran comparación en los otros ordenamientos jurídicos europeos y han avivado el interés y curiosidad de estudiosos de otros países.

2. Las diversas orientaciones en tema de daño no patrimonial y la sentencia de las secciones unidas

En el cuadro descrito se coloca la reciente decisión de las Secciones Unidas de la Corte de Casación (n° 26972 del 2008), esta procede de la constatación de un contraste jurisprudencial, resaltando que «en los últimos años se han formado en el tema de los daños no patrimoniales dos contrapuestas orientaciones en la jurisprudencia, una favorable a la configurabilidad, como categoría autónoma, del daño existencial -comprendida, según una tesis doctrinal que ha tenido apoyo en la jurisprudencia, como perjuicio no patrimonial, distinto del daño biológico, en ausencia de la lesión de la integridad psico-física, y del denominado daño moral subjetivo, en cuanto no atañe a la esfera interior del sentir, sino a la más económica del sujeto- por el contrario».

Se caracteriza, pues, ya que se trata de un aspecto de relevancia principal para la valoración de la sentencia, por cuanto el contraste denunciado no concierne a la resarcibilidad del daño existencial sino (sencillamente) su «configurabilidad, como autónoma categoría» dentro del daño no patrimonial.

Antes de afrontar la cuestión del daño no patrimonial y de la admisibilidad de sus categorías autónomas o «subcategorías» (como se dice en otras páginas de la sentencia), conviene recordar, desde un punto de vista sistemático, otra afirmación de la Corte, según la cual -como ya ha precisada en otras decisiones de los últimos años- «la relectura constitucionalmente orientada por el art. 2059 del c.c., como norma delegada a la tutela resarcitoria del daño no patrimonial entendido en su más amplia acepción, vuelve a trasladar el sistema de la responsabilidad aquiliana en el ámbito de la bipolaridad prevista por el vigente Código Civil entre daño patrimonial (art. 2043 del c.c.) y daño no patrimonial (art. 2059 del c.c.)».

Sistema bipolar, por lo tanto, y, por consiguiente, una única posible contraposición, entre daño patrimonial y daño no patrimonial.

Resulta, por tanto, dejada de lado otra reconstrucción, obrada por la Corte en la segunda mitad de los años ochenta del siglo pasado, exactamente para garantizar el resarcimiento en supuestos de daño a la persona, sucesivamente reconducidas bajo la terminología del daño existencial. Me refiero, en primer lugar, a la notoria sentencia que ha admitido la resarcibilidad del daño padecido por el esposo por la imposibilidad de tener relaciones sexuales con la cónyuge, a consecuencia de una infección a las vías genito-urinarias, esta última causada por una errada intervención de un médico. En aquella ocasión, la Corte de Casación afirmó el principio de derecho según el cual el resarcimiento del daño representa el «modo de reparación de la lesión del derecho de la persona, calificable como daño, que no es ni patrimonial ni no patrimonial, en todo caso parte en la previsión del art. 2043 del c.c.» (Sentencia de la Corte de Casación n° 6607 del 11 de noviembre de 1986).

En este modo, en el concepto de daño -bajo el perfil en examen no especificado- del art. 2043 del c.c. fueron reconducidos perjuicios referentes a la persona, anteriormente considerados irrelevantes para los fines del resarcimiento, de lo contrario, cuando (excepcionalmente) pudieran hallarse en el supuesto todos los requisitos de resarcibilidad del daño no patrimonial del art. 2059 del c.c.

La solución privilegiada por la Corte Suprema encontró un acreditado precedente doctrinal en la tesis que había identificado al daño personal como una figura autónoma y distinta respecto a la del daño moral: solamente esta última sería reconducida al supuesto del art. 2059 del c.c., con las consecuentes limitaciones en orden al resarcimiento, mientras el daño personal, en este modo, encontró tutela en la amplia fórmula del art. 2043 del c.c. (R. Scognamiglio).

Una importante confirmación se tuvo después de casi una década, cuando la Corte Suprema, decidiendo una análoga cuestión, tuvo el modo de afirmar que la norma del art. 2043 del c.c., poniendo enseguida al principio del resarcibilidad del daño, sin ninguna referencia a la naturaleza patrimonial del mismo, establece en vía inmediata la resarcibilidad del «valor» total de la persona, en su proyección no sólo económica y objetiva, sino también subjetiva, por lo tanto, de la lesión de los derechos primarios, en cuanto inherentes a la persona humana. Entre ellos, reafirmó la Corte de Casación, tiene que estar comprendido el derecho de todo cónyuge a las relaciones sexuales con el otro, teniendo como contenido un aspecto de la personalidad de cada pareja, es resarcible, por tanto, en base de la regla establecida por el art. 2043 del c.c. y no por el art. 2059 del c.c. (Sentencia de la Corte de Casación n° 4671, del 21 de mayo de 1996).

Por lo tanto, la tendencia en aquellos años, fue la de admitir, por así decir, supuestos de límite del ámbito del art. 2059 del c.c. en del art. 2043 del c.c. o -como se ha visto- a través de la identificación de un tercer género de daño o, más simplemente, calificando como daños patrimoniales perjuicios de dudosa orientación. Así, por ejemplo, en aquella fase histórica fue calificado como daño patrimonial el denominado «daños a la vida de relación», para ofrecer, en todo caso, reconocimiento económico a las lesiones sufridas por intereses y valores referentes a la persona humana.

Por consiguiente, los esfuerzos de la doctrina y la jurisprudencia se fueron dedicando, por lo tanto, a la individuación de los aspectos y consecuencias económicas de las lesiones referidas a bienes «no económicos», reconociéndolos, sobre todo, en la limitada posibilidad de causa económicamente ventajosas, y, en tal sentido, no confundible con la eventual disminución de la capacidad de trabajo. Así, con referencia a la pérdida de la capacidad sexual -o al daño padecido por el cónyuge por la sobreviniente imposibilidad de relaciones sexuales con la persona que padeció la lesión- se indica que el acontecimiento compromete (la adquisición o) la conservación del estado conyugal, y el peligro del decaimiento del matrimonio constituye un daño patrimonialmente valorable, ya que de la relación conyugal nace recíprocos derechos de asistencia (incluso moral) material (Sentencia de la Corte de Casación, n° 6607, del 11 de noviembre de 1986).

En las decisiones referidas, no se hizo mención todavía al daño existencial, pero, como es conocido, las primeras teorizaciones recondujeron la «nueva» figura en el ámbito del art. 2043 del c.c., a fin de garantizar, en todo caso, el resarcimiento.

3. Categoría general y subcategorías de daño no patrimonial

La dirección jurisprudencial favorable a utilizar la fallida calificación del daño -bajo el perfil de la patrimonialidad- en la fórmula del art. 2043 del c.c. fue abandonada a fines del siglo pasado, con la consecuencia de un progresivo aumento de los supuestos de daño, considerado no patrimonial, reconducidas bajo la previsión del art. 2059 del c.c.

La proliferación de las figuras de daño habían estimulado la atenta doctrina a señalar la necesidad de «reponer orden sobre la definición y delimitación de las nociones referente a la gran dicotomía, daño patrimonial - daño no patrimonial» dada la estratificación de «nociones y figuras variadas (daño moral, daño a la vida de relación, daño estético, daño biológico, daño existencial» (Cian). Destinatario de la invitación a «reponer orden» probablemente fue la doctrina, pero la tarea parece haberla cumplido la emplazada sentencia de las

Secciones Unidas utilizando la ocasión ofrecida por una cuestión relativa al denominado daño existencial.

Leyendo la sentencia, la primera impresión que se obtiene -como se ha expresado- las Secciones Unidas no habían decidido sobre la resarcibilidad de los perjuicios, ya desde hace tiempo reconducidos bajo la «etiqueta» del daño existencial, sino sobre la configurabilidad de una categoría autónoma (o subcategoría) de daño existencial, al que -se lee todavía en la sentencia y en la disposición de la misma- una orientación jurisprudencial «niega dignidad conceptual».

La cuestión, por lo tanto, aparece, en algunas partes, (solamente) de relevancia teórica-sistemática, ya que -ahora bien es notario rápidamente- nada cambia si cierto perjuicio es indemnizado, ya que convierte en una única categoría, en este caso el daño no patrimonial, o bien en una categoría diferente, o mejorar la subcategoría, en este caso el denominado daño existencial.

Pero, efectivamente, al intento de tipo sistemático se acompaña en la sentencia una preocupación de orden práctico: la de limitar el supuesto de daño no patrimonial de considerar resarcible, y ello, en particular referencia, la hipótesis del daños denominado «de bagatela».

En este aspecto, el punto central de la motivación es el que considera que el daño no patrimonial es solamente resarcible en los casos previstos por la ley, entre los cuales -a la luz de la interpretación constitucionalmente orientada por el art. 2059 del c.c.- figuran los casos de lesión de valores de la persona constitucionalmente garantizados. Sin embargo, a pesar de la referida mención a la Constitución, según las Secciones Unidas, al daño no patrimonial «le falta la característica de la atipicidad, que, es innata, en cambio, al daño patrimonial resarcible según el art. 2043 del c.c.». Por consiguiente, es excluida la configurabilidad de categorías generalizantes, como la del daño existencial, que acabarían por privar el daño no patrimonial del carácter de la tipicidad.

Por lo tanto, el establecimiento teórico de la sentencia se basa en la contraposición entre la tipicidad, que caracterizaría el daño no patrimonial y la atipicidad que, en cambio, es consustancial al daño patrimonial. Al respeto, no advierte la Corte que la tipicidad del daño no patrimonial fue más fácilmente sostenible cuando las hipótesis admitidas del resarcimiento fueron solamente la de los art. 2059 del c.c./185 del c.p., además de las expresamente ordenadas por otras normas de ley, con referencia a hipótesis específicas. Pero, esta tesis no parece sostenible después que la misma Corte Suprema, con las conocidas sentencias gemelas n° 8827 y 8828 del 2003 han afirmado exactamente la resarcibilidad del daño no patrimonial en el caso de lesión de valores de la persona, constitucionalmente garantizados.

La invocación a estos derechos, en efecto, no puede ser limitado a los previstos y «tipificados» en las diversas normas de la Constitución que tutelan singulares intereses de la persona, como por ejemplo, la salud (art. 32), teniendo que extender ciertamente, los derechos inviolables del hombre previstos por el art. 2 –norma que–, incluso gracias a la elaboración de los derechos de la personalidad ha permitido la tutela (resarcitoria) de nuevos intereses considerados esenciales para el desarrollo de la persona, inclusive en ausencia de fundamento normativo expreso. El catálogo de las posiciones subjetivas tuteladas, como es conocido, ha cambiado y se ha extendido en el tiempo a la luz de las brillantes exigencias, y resulta, por lo tanto, difícil referirse a una «tipicidad» de los supuestos del daño no patrimonial como consecuencia de la lesión de un catálogo de intereses tutelados no caracterizado, ciertamente, por *numerus clausus*, sino sujeto continuamente a expansiones.

Finalmente, el título de «categoría generalizadora» atribuida por la Corte al daño existencial podría bien atribuirse al daño no patrimonial, con la consecuencia que (incluso sin la intermediación del daño existencial), titubea la tesis que atribuye el carácter de la tipicidad a éste.

A esta referida crítica se podría refutar sustentando que los intereses tutelados por el art. 2 de la Constitución varían y aumentan en el tiempo, pero que en un determinado momento histórico representan un cierto número de supuestos, incluso unidos a la tipificación efectuada por el derecho viviente y no del legislador. Sin embargo, realmente, excluyendo la «categoría generalizante» del daño existencial, la Corte parece negar la posibilidad de las referidas extensiones de la resarcibilidad a nuevos supuestos de daño, que, en cambio –prescindiendo de las «etiquetadas»– tendrán que ser consideradas resarcibles si configuran violaciones de intereses atribuibles a la tutela del art. 2 de la Constitución.

En la contraposición entre la atipicidad del daño patrimonial y la tipicidad del daño no patrimonial, que -como dice- constituye la base del razonamiento de las Secciones Unidas, puede hacerse una crítica posterior, que representa, en realidad, un importante giro (no suficiente para la decisión en examen), hacia una difusa lectura del art. 2043 del c.c.

En la presunta tipicidad de los supuestos de daño no patrimonial es contrapuesta la atipicidad del daño patrimonial. Centro de esta tesis, como es conocido, es el adjetivo «injusto» que, introducido en el código vigente, serviría, precisamente, para garantizar el resarcimiento en todas las hipótesis en que se produce la «injusticia» del daño. Si, aunque, ya se sigue generalmente la tesis, según la cual, el daño puede considerarse injusto cuando resulta violado un interés tutelado, como el derecho subjetivo o al menos como el interés legítimo, tiene que llegarse a la conclusión que incluso en el caso del daño patrimonial, en un momento histórico determinado, es teóricamente posible localizar todos los intereses tutelados, que resultan, por lo tanto, tipificados ya que necesariamente están vinculados a una norma que prevé su tutela.

El razonamiento no puede ser profundizado en esta sede, pero lo que es necesario destacar es la posibilidad de equiparar el sistema de selección de los intereses tutelables en el caso del daño patrimonial y en el caso del daño no patrimonial, con la consecuencia de dudar de la exactitud de las soluciones que se basan en la contraposición entre atipicidad del primero y tipicidad del segundo.

4. Importancia sistemática y consecuencias prácticas de la sentencia

Como se concluye de las páginas anteriores, la sentencia en examen, negando la posibilidad de configurar una autónoma subcategoría del daño no patrimonial definido como daño existencial, no parece haber excluido la resarcibilidad de los perjuicios que la doctrina y parte de la jurisprudencia han comprendido de este modo calificarlo, a excepción de los supuestos del daño «bagatela».

Por último, la negación de la dignidad conceptual de (categorías o), subcategorías del daño no patrimonial no concierne solamente el denominado daño existencial. Al contrario, la sentencia después de haber identificado el daño no patrimonial como el «determinado por la lesión de intereses inherentes a la persona de connotación no económica», y haber precisado que también el daño no patrimonial presupone la subsistencia de todos los elementos constitutivos de la estructura del ilícito civil en el art. 2043 del c.c., niega que en el ámbito de la «categoría general del daño no patrimonial» sea posible identificar una autónoma subcategoría del daño moral, y afirma que, igualmente, solamente para fines descriptivos, puede hablarse de daño biológico o bien de daño por pérdida de la relación parental.

Un común destino vincula las diversas «voces» de daño no patrimonial elaboradas en los años pasados por la doctrina y la jurisprudencia: a estas es negada la «dignidad conceptual» (¿?) de subcategorías, pero eso no parece contradecir su resarcibilidad, si recurren determinados presupuestos, relativamente a los que no parecen surgir relevantes novedades. Para quien esto escribe, el resultado al que llega la sentencia no manifiesta, por lo tanto, un gran relieve sistemático y, sobre todo, es casi nulo de consecuencias de orden práctico, desde el punto de vista de la admisibilidad del resarcimiento.

Si incluso se podría dar un «paso hacia atrás», podría darse cuenta, por la referida negación de la configurabilidad de autónomas subcategorías, ésta concerniría sobre todo al daño biológico, tratado el criterio de las otras figuras, a pesar de un expreso reconocimiento normativo y una definición legislativa como «lesión temporal o permanente de la integridad psicofísica de la persona susceptible de comprobación médico-legal, que explica una incidencia negativa sobre las actividades cotidianas y sobre los aspectos dinámico-relacionales de la vida de la víctima, independientemente de eventuales repercusiones sobre su capacidad de ingreso» (art. 138 y 139 del D. Leg. n. 209/2005, Código de los seguros privados). La Corte, al respecto, observa que la referida definición es «susceptible de general aplicación» no dándose cuenta que también ésta contribuye a hacer dudar la afirmada tipicidad del daño no patrimonial.

En cambio, se comparte la preocupación de evitar «duplicaciones» de resarcimiento, refiriéndose sobre el mismo perjuicio a diversas subcategorías. Sin embargo, esta exigencia fue resaltada por el mismo Tribunal de Casación en otras ocasiones, mientras deja a un lado las cuestiones terminológicas y de orden clasificatorio, sería un gran trabajo localizar en la sentencia de las Secciones Unidas de la Corte un (innovativo) principio de derecho.

Hace falta preguntarse, en efecto, si una (segunda) intervención de las Secciones Unidas -dejado de lado un parcial *revivement* concluido por la tercera sección (Sentencia n° 22884 del 30 de octubre de 2007, de la Corte de Casación)- fuera necesaria al final de efectuar la referida obra de «sistematización» conceptual. No parece que haya cambiado mucho lo que concierne a la figura del daño existencial, al menos que ésta pueda decirse «reorganizada» por la decisión, ya que es la misma negación (también) de las otras «subcategorías» de daño no patrimonial (el daño moral y el daño biológico) al haber confirmado la equiparabilidad del perjuicio existencial a las otras figuras de daño no patrimonial, pero no su resarcibilidad.

La nueva disciplina en materia de separación de los padres y custodia compartida: primeras reflexiones*

Cesare Massimo Bianca

* Traducción al idioma castellano, autorizada por el autor, de Carlos Agurto Gonzáles y Sonia Lidia Quequejana Mamani.

1. El tema de mi ensayo es la ley aprobada el 24 de enero del 2006 en materia de separación de los padres y custodia compartida, aplicable también en los casos de divorcio y nulidad del matrimonio, y, asimismo, de la cesación de la convivencia *more uxorio* (art. 4, apartado 2).

Se trata de una ley que introduce novedades de importancia en la regulación de la familia en crisis. Las disposiciones invocan la mayor atención respecto al derecho del hijo a la relación personal con ambos padres; el derecho del menor a la relación personal con los familiares y con los otros parientes; el derecho del menor a ser escuchado; la asignación de la casa familiar; la sanción administrativa a cargo del padre.

La crisis de la familia afecta principalmente a los más débiles, a los hijos menores. En efecto, son los hijos menores quienes pagan en primera persona las consecuencias de la crisis familiar, ya que la crisis quiebra la unidad de la formación social en la que el menor realiza la necesidad fundamental del ser humano de vivir y crecer en la propia familia.

El quiebre es formalizado por la previsión de la tutela, que nuestra tradición ha conocido como tutela exclusiva, según el modelo francés (véase el antiguo texto del art. 287 del *code civil*).

La tutela exclusiva no impide del todo la relación personal del hijo con el padre que no es titular de la custodia, sino lo penaliza. En general, la relación puede ser vivida en los breves tiempos concedidos por la disposición judicial, a veces reduciéndose a la posibilidad de limitadas «visitas».

Entonces, el padre que no es titular de la custodia es marginado respecto a la esfera personal del hijo y sufre, por ende, consecuencias negativas difícilmente explicables en base al interés de la prole, como por ejemplo, la pérdida del usufructo legal (art. 327 del c.c.: el padre que ejercita en modo exclusivo la potestad es sólo titular del usufructo legal).

Otras consecuencias negativas parecen, más bien, contrarias al interés de la prole. Así, el código de deontología médica, anexa al código en materia de protección de los datos personales (decreto legislativo n. 196 del 30 de junio del 2003), reserva sólo al progenitor que ejercita la potestad el derecho de consultar el historial médico del hijo (art. 21) y la competencia de otorgar el consentimiento a las intervenciones diagnósticas y terapéuticas que le corresponden (art. 33).

Sin embargo, nuestro código no establece alternativas de tutela exclusiva (art. 155) y sólo con la ley n. 74 de la revisión del divorcio, del 06 de marzo de 1987, se ha contado con la expresa previsión en nuestro ordenamiento de la confianza compartida o alternada (art. 6 l. div. en el texto modificado).

La exposición de motivo de la ley de 1987 enunciaba los requerimientos de la jurisprudencia y de la doctrina en favor de una tutela involucrada de ambos padres. Sin embargo, esta figura ha tenido escasa aplicación, y ello ha ofrecido un motivo a quienes se han opuesto a un más amplio reconocimiento de la tutela compartida. En consecuencia, alternando (irónicamente denominado «pendular») ni siquiera después de su condena por los psicólogos, que han contemplado una modalidad perjudicial a la serenidad psíquica del menor.

La escasa fortuna de la tutela compartida es quizás debida también a la tendencia de nuestros tribunales a exigir el presupuesto del acuerdo de los padres: presupuesto difícilmente verificable en los procedimientos de separación y divorcio, donde prevalece un clima de recíproca animosidad.

No obstante, se ha observado que la regulación anterior no favorecía el acuerdo de los padres en cuanto configuraba la custodia exclusiva como la liberación normal de su crisis, impulsando a cada padre a reclamar el derecho de tener el hijo consigo. En cambio, según la nueva ley, el juez debe evaluar *prioritariamente* la posibilidad que los hijos menores permanezcan confiados a ambos padres. La custodia compartida a uno de los progenitores puede ser dispuesta sólo si la custodia al otro progenitor resulte contraria al interés del hijo (art. 155-*bis* del c.c., nuevo texto).

Entonces, en esta lógica normativa el acuerdo es, en algún modo, impuesto por la ley porque los padres que se separan o divorcian conocen, entonces, que a estos serán confiados los hijos y que, por ende, estos deberán adaptarse a esta situación.

Por lo tanto, podemos atenernos a resultados menos desilusionantes, confiando en esto, que precisamente la necesidad de gestionar la común relación con los hijos induce a los padres a tentar un mínimo de cooperación.

2. La nueva ley ha establecido en la custodia a ambos padres la consecuencia normal de su crisis, y esta tutela lo ha denominado compartida. La antigua expresión de tutela compartida ha sido constituida para resaltar el aspecto de la responsabilidad que el trabajo de los padres comporta y que exige ser compartida (incluso en términos de potestad, como es conocido, es destinado a ser sustituido por el de la responsabilidad).

La institución de la custodia compartida debe ser vista con favor. En efecto, ésta coloca a los padres en la condición de accionar en igual título la relación de vida con los hijos y de realizar la finalidad, indicada por la nueva ley, de garantizar a los hijos menores el derecho de mantener una relación equilibrada y continuada con alguno de los padres, de recibir cuidado, educación e instrucción de ambos (art. 155, apartado 1, del c.c. del nuevo texto).

3. El nuevo texto de la norma sobre las disposiciones que conciernen a los hijos (art. 155 del c.c.) no regula más el ejercicio de la potestad en la hipótesis de la custodia exclusiva. Entonces, encontrará aplicación la disposición de la ley sobre el divorcio que, como la norma en materia de separación, prevé que las decisiones de mayor interés para los hijos son adoptadas por ambos padres y el padre que no tiene la custodia tiene el derecho y el deber de vigilar la instrucción y educación de los hijos, pudiendo recurrir al juez cuando considere que se han asumido medidas que pueden perjudicarlos (art. 6, apartado 4).

Siendo esta disposición dictada en el interés de la prole, ésta debe considerarse aplicable analógicamente incluso cuando se trate de padres no casados.

4. También la custodia compartida presenta el problema habitacional relativo a la prole. No siendo los padres convivientes se trata de conocer como es regulada la permanencia de los hijos entre ellos.

En la lógica de la custodia compartida, éste es un problema que compete a los mismos padres resolver.

La previsión contenida en la nueva ley según la cual el juez determinaba los tiempos y las modalidades de la presencia de los hijos con uno de los padres (art. 155, apartado 1 del c.c., nuevo texto) debe, por ende, ser comprendida en el sentido que el juez lo dispone, si se trata de custodia exclusiva o si lo exigen los mismos padres.

5. La nueva ley establece expresamente, entre las finalidades perseguidas, la de garantizar al menor «conservar relaciones significativas con los ascendientes y con los parientes de alguna rama de los padres» (art. 155, apartado 1 del Código Civil, nuevo texto). Así como ha sido reconocido el rol importante que la figura de los familiares desarrolla en el crecimiento del menor. El menor tiene necesidad existencial de la relación afectiva con los abuelos, es decir con aquellos que por su cargo de amor y de sabiduría asumen una importancia primaria en el ámbito de la familia, invocado por la ley a sustituir a los padres incapaces o impedidos, pero también a integrar la función asistencial y educativa.

Un significativo reconocimiento del derecho de los menores a la relación personal con los familiares se ha establecido en España con la ley n. 42 del 21 de noviembre de 2003. Incluso en falta de una ley nuestra jurisprudencia había arribado a este reconocimiento: véase la sentencia n. 9606 del 25 de septiembre de 1998, en *Giustizia civile*, I, 1998, 3069[1].

La nueva disciplina prevé que el menor tenga relación significativa también con los parientes y garantice el mantenimiento de estas relaciones.

6. Respecto al mantenimiento, la custodia compartida puede permitir a ambos padres de proveerlo directamente. La disposición de una asignación económica es una eventualidad que se vuelve necesaria cuando los padres perciban réditos diferentes y cuando sean diversos los tiempos de permanencia del hijo con alguno de los padres.

El juez dispone sólo si los padres no se ponen de acuerdo al respecto.

Entonces, la ley indica los criterios de determinación de la asignación mencionada, entre otros, la valencia económica de los tareas domésticas y de cuidado asumidos por alguno de los padres y «el tenor de vida gozado por el hijo en la convivencia con ambos padres» (art. 55, apartado 4 del c.c, nuevo texto). Confirmando mi desaprobación hacia la idea que sea otorgada al hijo un mantenimiento adecuado a la riqueza de la familia, considerando que se debe valorar la incidencia negativa del lujo de la educación del menor.

La nueva disciplina prevé que la asignación puede ser dispuesto también en favor de los hijos mayores económicamente no indepen-

[1] Sobre el derecho del menor al amor de los abuelos, véase el ensayo de BIANCA, Mirzia, «Il diritto del minore all'amore dei nonni», en *Rivista di diritto civile*, n. 2, vol. 52, Cedam, Padua, 2006, pp. 155 y ss.

dientes (art. 155-*quinquies* del c.c., nuevo texto). La disposición recibe la consolidada orientación jurisprudencial que reconoce la obligación de los padres de mantener a los hijos, incluso más allá del límite de la mayoría de edad.

7. Las previsiones en materia de custodia y de mantenimiento son consideradas después de escuchar al hijo menor que haya cumplido los doce años de edad. Incluso el menor de dieciséis años debe ser escuchado si tiene capacidad de discernimiento (art. 155-*sexies* del c.c. del nuevo texto).

La disposición que reconoce el derecho a escuchar al menor de edad inferior a los doce años, incluso teniendo capacidad de discernimiento, se adecua a la Convención de las Naciones Unidas de 1989 sobre los derechos del niño (art. 12).

Es, en este modo, abrogada la precedente regla, infelizmente confirmada por la ley n. 80 del 14 de mayo del 2005 (en el texto del art. 4, apartado 8, l. div., por ésta sustituido), que preveía escuchar a los hijos menores sólo donde es considerado «estrechamente necesario incluso en consideración de su edad» (conf.: art. 6, apartado 9, l. div.)

8. Por cuanto concierne a la casa familiar, la ley prevé entonces que el goce sea atribuido «teniendo prioritariamente en cuenta el interés de los hijos» (art. 155-*quater* del c.c., nuevo texto).

La fórmula confirma la preeminencia consideración de los hijos, pero deja comprender que esta consideración no es la única, debiéndose incluso tener en cuenta las exigencias de los padres. Entonces, la nueva disciplina claramente ha acogido la visión «polifuncional» de la asignación de la casa familiar[2].

La previsión establecida para la asignación «según del art. 2643», parece confirmar la tesis que reconoce carácter real al goce habitacional usufructuado por el asignatario.

9. Es necesario indicar también la importante novedad de la disposición que, en el modelo francés del *astreinte*, ha introducido el instituto de la sanción administrativa a cargo del padre culpable «de graves incumplimientos o de actos que, por ende, ocasionan perjuicio al menor y obstaculizan el correcto desarrollo de la modalidad de la custodia» (art. 709-*ter*, apartado 2 del c.p.c., agregado por el art. 2 de la nueva ley).

---

[2] FREZZA, *I luoghi della famiglia*, Turín, 2004, pp. 141 y ss.

ANEXO

LEY N° 54, 08 DE FEBRERO DE 2006
«DISPOSICIONES EN MATERIA DE SEPARACIÓN DE LOS PADRES Y CUSTODIA COMPARTIDA DE LOS HIJOS»

Art. 1.

(Modificaciones al Código Civil)

1. El Artículo 155° del Código Civil se modifica de la siguiente forma:

«Art. 155. - *(Medidas concernientes a los hijos).* También en caso de separación personal de los padres el hijo menor tiene el derecho de mantener una relación equilibrada y continuada con cada uno de ellos, de recibir los cuidados, educación e instrucción por parte de ambos y conservar relaciones significativas con los ascendientes y con los parientes de cada uno de los progenitores.

Para realizar la finalidad indicada en el primer párrafo, el juez que sentencia la separación personal de los cónyuges adoptará las medidas concernientes a la prole, con exclusiva referencia al interés moral y material de ésta. Valora prioritariamente la posibilidad que los hijos menores queden confiados a ambos padres o establezca los hijos que se encontrarán en custodia de cada uno, determinando los tiempos y las modalidades de la presencia de cada progenitor, fijando además la medida y el modo con que cada uno debe contribuir al manteamiento, al cuidado, a la instrucción y a la educación de los hijos. Tomando en cuenta, salvo que sea contrario al interés de los hijos, los acuerdos de los progenitores. Adoptando cualquier otra medida concerniente a la prole.

La patria potestad es ejercida por ambos progenitores. Las decisiones de mayor interés para los hijos respecto a la instrucción, a la educación y a la salud son asumidas de común acuerdo, teniendo en cuenta las capacidades, la inclinación natural y las aspiraciones de los hijos. En caso de desacuerdo, la decisión será tomada por el juez. Limitada a las decisiones sobre los aspectos de ordinaria administración, el juez puede establecer que los padres ejerzan la potestad separadamente.

Salvo acuerdos diversos libremente suscritos por las partes, cada uno de los padres proveerán al mantenimiento de los hijos en medida proporcional a sus ingresos; el juez establecerá lo necesario, el pago de una suma periódica, con el objetivo de cumplir el principio de proporcionalidad, a determinarse, considerando:

1) las actuales exigencias del hijo;
2) el desarrollo de la vida del hijo durante la convivencia con ambos padres;
3) el tiempo de permanencia de cada progenitor;
4) los recursos económicos de ambos padres;
5) el valor económico de las tareas domésticas y de cuidado asumidos por cada progenitor.

La suma es automáticamente ajustada a los índices del ISTAT[1] en defecto de otros parámetros indicados por las partes o por el juez.

Donde las informaciones de carácter económico proporcionas por los padres no resulten suficientemente documentadas, el juez puede disponer una evaluación de la policía tributaria sobre los ingresos y los bienes objetos de la controversia, incluso si se encontrarse a nombre de sujetos diversos».

2. Después del artículo 155 del Código Civil, modificado por el apartado 1 del presente artículo, se añade lo siguiente:

«Art. 155-*bis*. – *(Custodia por un solo padre y oposición de la custodia compartida)*. El juez puede disponer la custodia de los hijos a uno solo de los padres cuando considere, mediante medida motivada, que la custodia del otro progenitor será contrario al interés del menor.

Cada uno de los padres puede, en cualquier momento, solicitar la custodia exclusiva cuando subsistan las condiciones indicadas en el primer párrafo. El juez, si admite la demanda, dispone la custodia exclusiva al padre, haciendo salvedad, por cuanto sea posible, de los derechos del menor previstos por el primer párrafo del artículo 155°. Si la demanda resulte manifiestamente infundada, el juez puede considerar el comportamiento del padre, a los fines de la determinación de las medidas a adoptarse en el interés de los hijos, manteniendo la aplicación del artículo 96 del Código de Procedimiento Civil.

Art. 155-*ter*. – *(Revisión de las disposiciones concernientes a la custodia de los hijos).* Los padres tienen el derecho de exigir en cualquier momento la revisión de las disposiciones respecto a la custodia de los hijos, la atribución del ejercicio de la potestad sobre ellos y de las eventuales disposiciones relativas a la medida y a la modalidad de la contribución.

Art. 155-*quater*. – *(Asignación de la casa familiar y prescripciones en tema de residencia).* El goce de la casa familiar es atribuido teniendo prioritariamente en cuenta el interés de los hijos. Para la asignación, el juez tendrá en cuenta el aspecto económico entre los padres, considerando el título de propiedad. El derecho al goce de la casa familiar es menor en caso de que el asignatario no habite o cese de habitar en la casa familiar o conviva *more uxorio* o contraiga nuevo matrimonio. La medida de asignación y de revocación se inscribe y son oponibles a terceros, de acuerdo con el artículo 2643.

En el caso en que uno de los cónyuges cambia de residencia o domicilio, el otro cónyuge puede pedir, si el cambio interfiere con las modalidades de dicha atención, la redefinición de los acuerdos y otras medidas, incluso económica.

En el caso en que uno de los cónyuges cambia de residencia o de domicilio, el otro cónyuge puede solicitar, si el cambio interfiere con las modalidades de la custodia, la redefinición de los acuerdos o de las medidas adoptadas, comprendidas las económicas.

Art. 155-*quinquies*. – *(Disposiciones en favor de los hijos mayores).* El juez, valoradas las circunstancias, puede disponer en favor de los hijos mayores no independientes económicamente el pago de la asignación periódica. La asignación, salvo diversa determinación del juez, es depositada directamente al derechohabiente.

A los hijos mayores con *handicap* grave, según lo dispuesto por el artículo 3, párrafo 3, de la ley n°104 del 05 de febrero de 1992, se aplican integralmente las disposiciones a favor de los hijos menores.

Art. 155-*sexies*. - *(Poder del juez y audición del menor)*. Antes de la expedición, incluso en vía provisoria, de las medidas del artículo 155, el juez puede admitir, a instancia de parte o de oficio, medios de prueba. Además, el juez dispone la audición del hijo menor que haya cumplido los doce años e incluso de edad inferior, capaz de discernimiento.

Si lo considera oportuno, el juez, al haber escuchado a las partes y obtenido su consentimiento, podrá aplazar la adopción de las medidas contempladas en el artículo 155 para permitir que los cónyuges, valiéndose de expertos, intenten una mediación para llegar a un acuerdo, con particular referencia a la tutela del interés moral y materia de los hijos».

Art. 2.

(Modificaciones al Código de Procedimiento Civil)

1. Después del tercer párrafo del artículo 708° del Código de Procedimiento Civil, se agregará lo siguiente:

«Contra las medidas del tercer párrafo se puede presentar el reclamo, mediante recurso, a la Corte de Apelación que se pronuncia en la Cámara de Consejo. El reclamo debe ser propuesto en el término perentorio de diez días de la notificación de la medida».

2. Después del artículo 709-*bis* del Código de Procedimiento Civil, se ha introducido lo siguiente:

«Art. 709-*ter*. - *(Solución de las controversias y medidas en caso de incumplimiento o violaciones)*. Para la solución de las controversias entre los padres respecto al ejercicio de la patria potestad o de las modalidades de la custodia es competente el juez del procedimiento judicial. Para los procedimientos contemplados por el artículo 710° es competente el tribunal del lugar de residencia del menor.

Después de la apelación, el juez convocará a las partes y adoptará las medidas oportunas. En caso de graves incumplimientos o de actos que perjudiquen al menor y obstaculicen el correcto desarrollo de las medidas de custodia, puede modificar las medidas en vigor y puede, conjuntamente también:

1) amonestar a los padres morosos;

2) disponer el resarcimiento de los daños, a cargo de uno de los padres, respecto del menor;

3) disponer el resarcimiento de los daños, a cargo de uno de los progenitores, respecto del otro;

4) ordenar al padre moroso al pago de una sanción administrativa pecuniaria, por un mínimo de 75 euros a un máximo de 5.000 euros a favor del Banco de Multas.

Las medidas adoptadas por el juez del proceso son impugnables en los modos ordinarios».

Art. 3.

(Disposiciones penales)

1. En caso de violación de las obligaciones de naturaleza económica se aplica el artículo 12-*sexies* de la ley n. 898 del 01 de diciembre de 1970.

Art. 4.

(Disposiciones finales)

1. Cuando el decreto de homologación de los pactos de separación consensual, la sentencia de separación judicial, de disolución, de anulación o de cesación de los efectos civiles del matrimonio, sea emitida en la fecha de entrada en vigor de la presente ley, cada uno de los padres puede requerir, en los modos previstos por el artículo 710° del Código de Procedimiento Civil o del artículo 9° de la ley n° 898 del 01 de diciembre de 1970 y posteriores modificaciones, la aplicación de las disposiciones de la presente ley.

2. Las disposiciones de la presente ley se aplican también en caso de disolución, de cesación de los efectos civiles o de nulidad del matrimonio, así como en los procedimientos concernientes a los hijos de los padres no casados.

Art. 5.

(Disposición financiera)

1. La implementación de la presente ley no debe derivar nuevas o mayores cargas para las finanzas públicas.

Derecho privado moderno de Cesare Massimo Bianca, Pietro Sirena Y Salvatore Patti
se imprimió en la República Argentina en septiembre de 2018

www.ingramcontent.com/pod-product-compliance
Lightning Source LLC
LaVergne TN
LVHW082240051026
849532LV00012B/4064
9789563922912